Theodor Mairhofen

Pustertal unter den Gaugrafen

Theodor Mairhofen

Pustertal unter den Gaugrafen

ISBN/EAN: 9783743391239

Hergestellt in Europa, USA, Kanada, Australien, Japan

Cover: Foto ©ninafisch / pixelio.de

Theodor Mairhofen

Pustertal unter den Gaugrafen

usterthal

unter den

Gaugrafen

bis zum Auftreten der ältesten

Adelsgeschlechter

(860—1150 n. Chr.)

von

Theodor Mairhofer,
Professor in Brixen.

Brixen.

Verlag von A. Weger's Buchhandlung
1865.

Pusterthal unter den Gaugrafen bis zum Auftreten der ältesten Adelsgeschlechter.

(860 — 1150 n. Chr.)

Unter den verschiedenen Völkern, die einst nach einander über Tirol herrschten, sind für unsere geschichtliche Darstellung die wichtigsten die Longobarden und Bojoaren. Ueber mehr als zweihundert Jahre stand unser Heimathland, „das Land im Gebirge" — wie Tirol in alten Urkunden heißt, unter der Herrschaft der Longobarden und Bojoaren, bis sie der überwiegenden Macht der Franken weichen mußten.— Der Mann, welcher dieses, wie vieles andere ausführte, war Karl der Große, der größte Monarch seiner Zeit, der auch seither noch von keinem übertroffen worden war. Anfangs nur König von Austrasien, das ist aller fränkisch-deutschen Länder, nach seines Bruders, Karlmann's, Tode aber auch König von Neustrien im Westen, war er der alleinige Beherrscher von ganz Frankreich und Deutschland, selbst mit Einschluß der sächsischen Länder, nachdem er diese durch wiederholte Kriege seiner Herrschaft unterworfen hatte. Der nämliche Karl war es, welcher die Mauren, Anhänger Mohamed's und die erbittertsten Feinde des christlichen Glaubens, welche den größten Theil von Spanien erobert und selbst schon in Frankreich verheerende Einfälle gemacht hatten, bis an den Fluß Ebro, so wie die heidnischen, ganz Deutschland bedrohenden Avaren bis an den Raabfluß in Ungarn zurückwarf. Er bestätigte die von seinem Vater Pipin dem Papste geschenkten weltlichen Gebiete in der Umgebung von Rom und nahm ihn und die ganze Christenheit in seinen besondern Schutz, so daß in seinem ganzen weiten Reiche die katholische Religion die allein herrschende war.

1

Eben dieser gewaltige Alleinherrscher Karl nahm jetzt auch dem letzten Könige der Longobarden, wie dem Herzoge der Bojoaren ihre bisherige Macht und Würde, und somit auch die Herrschaft über Tirol. Die Veranlassung dazu war folgende. Seit dem Regierungsantritte Aistulphs um das Jahr 750 ließen die Könige der Longobarden, obgleich Bekenner des katholischen Glaubens, ihrer angebornen Raubsucht und dem Hange zu Gewaltthätigkeiten freien Lauf und hatten es vorzugsweise auf die weltlichen Besitzungen des Papstes abgesehen, die sie öfters mit Feuer und Schwert verheerten. Der Papst und König Karl, an den er sich um Hilfe in der dringenden Noth gewendet, machten vergebliche Vorstellungen dagegen; ja Desiderius, der letzte König der Longobarden, unterstützte überdies noch die Söhne des gestorbenen Karlmann und deren Mutter Gilberga, welche dem mächtigen Karl das westliche Frankreich zu entreißen suchten.

Dadurch zum gerechten Zorn entflammt, brach nun Karl im Jahre 773 mit 2 Kriegsheeren nach Italien auf, jagte die schwachen longobardischen Besatzungen in die Flucht, rückte unaufhaltsam vor und belagerte selbst Pavia, wohin sich Desiderius mit seiner ganzen Macht geworfen hatte, so lange bis dieser durch Hunger und Krankheiten gezwungen wurde, sich mit der Stadt und seinem ganzen Volke dem Sieger auf Gnade und Ungnade zu unterwerfen. Karl schickte ihn mit seiner Gattin Ansa nach Lüttich und hierauf in das Kloster Corvei. Hier ging Desiderius in sich, demüthigte sich unter der Hand des Herrn und führte bis zu seinem Tode ein bußfertiges und frommes Leben.

Auf diese Weise ging die longobardische Herrschaft im Jahre 774 zu Ende und so kam auch der bisher longobardische Antheil von Süd-Tirol zum fränkischen Reiche Karl des Großen. Umsonst veranlaßte Adalgis, der Sohn des vertriebenen Königs Desiderius, die Herzoge von Friaul, Benevent und Spoleto zu einem Aufstand gegen die Franken, um das Reich der Longobarden wieder herzustellen. Sogleich rückte Karl im Anfange des Jahres 776 mit einem starken Heere durch Tirol gegen Verona vor, wandte sich von da links gegen Friaul und züchtigte den aufständigen Herzog daselbst wie auch die übrigen Herzoge, die sich gegen ihn erhoben und zer sprengte die ihnen zu Hilfe herbeigekommenen Griechen, zu denen sich Abalgis geflüchtet hatte.

Nachdem die Macht der Longobarden gebrochen war, kam die Reihe der Demüthigung an den Herzog von Bojoarien, Thaffilo II.; — der mit Luitburga, einer Tochter des letzten Longobarden-Königs Defiberius, vermählt war. Diese konnte unmöglich dem Könige Karl den Sturz ihres Vaters verzeihen, und wendete daher alle möglichen Mittel auf, um ihren Gemahl gegen ihn aufzureizen, was ihr um so leichter gelang, da die bairischen oder bojoarischen Herzoge schon seit längerer Zeit sich von den Franken immer mehr unabhängig zu machen suchten und selbst nach königlicher Würde strebten.

Die erften Mißhelligkeiten zwischen Thaffilo und den Franken zeigten sich, indem der fränkische Statthalter, Graf Robert von Trient, welcher dem Herzog von Bojoarien Bozen mit der Umgebung wegnehmen wollte, von dessen Befehlshabern Gawin und Jwein erschlagen wurde.

Diesmal jedoch fand es Thaffilo für rathsam nachzugeben und diesen südlichen Bezirk den Franken zu überlassen. Unterdessen schloß er aber, von seiner Gemahlin Luitburga angefeuert, einen geheimen Bund mit den Avaren, Griechen, Longobarden und Sachsen gegen den mächtigen König Karl. Allein derselbe wurde entdeckt und Thaffilo mußte es sich gefallen lassen, dem Frankenkönig Vasallenpflicht und Unterwerfung zu versprechen. Um sich aber zu überzeugen, ob ihm damit auch ernst sei, ließ ihn Karl zur Reichsversammlung auf das Maifeld nach Worms laden. Wer aber nicht erschien — war der Herzog von Bojoarien. Nun war auch sein Schicksal entschieden. Drei fränkische Heere rückten sogleich gegen Baiern vor; das erste aus longobardischen Schaaren bestehend, aus Italien über Trient, stellte sich bei Bozen auf; das zweite, größtentheils Sachsen, Oftfranken und Thüringer, zog die Donau hinab bis Pföring; das dritte und stärkste von Karl selbst geführt, durch Schwaben an den Lech). Da Thaffilo's Bundesgenossen, die Avaren aus Pannonien und die griechische Flotte an Italiens Küste noch nicht angekommen waren, so fand derselbe für gut, der Uebermacht Karl's zu weichen. Er begab sich selbst in das fränkische

Lager und überreichte dem siegreichen Frankenkönig einen Zepter und mit diesem Sinnbilde zugleich das angemaßte Reich. Thassilo mußte von Neuem den Vasallen Eid schwören und 13 Geißeln stellen, darunter seinen eigenen Sohn Theodo. Als aber dessen ungeachtet im folgenden Jahre 788 die Avaren, — dieses wilde und christenfeindliche Heidenvolk — von Thassilo's rachesüchtiger Gemahlin heimlich gerufen, sich Baiern und Italien näherten und griechische Sendlinge die Longobarden aufzuwiegeln suchten; da berief Karl den Herzog alsogleich nach Ingelheim und mit ihm die Großen des Reiches. Thassilo erscheint und gegen ihn treten seine eigenen Unterthanen als Kläger auf, daß er nämlich auf Luitburgens Aufhetzung dem Könige Karl Treue und Eid gebrochen und mit den Feinden des Reiches gemeinsame Sache gemacht habe.

Nun ward auf dem Reichstage gefragt, welche Strafe ein solcher Treulose verdiene? Die ganze Versammlung rief einhellig: „Er ist des Todes schuldig!" — Karl allein fühlte Mitleid mit ihm und gestattete ihm auf demüthiges Bitten, nachdem ihm das Haupt geschoren worden war, mit seinem Sohne Theodo im Kloster Lorsch unweit Worms seine Fehltritte zu beweinen.

Indessen hatte der fränkische Heerführer Pipin aus seinem Lager zu Bozen die in Baiern vorgedrungenen Avaren überfallen und zurückgeschlagen. Baiern selbst wurde jetzt von den Franken besetzt und die Landesverwaltung von fränkischen Commissären besorgt.

Nun war unser Land im Gebirge von Baiern getrennt und unmittelbar mit dem fränkischen Reiche vereinigt, dessen mächtigster Beherrscher Karl in der Christnacht des Jahres 800 vom Papste Leo III. in Rom feierlich zum römischen Kaiser des Abendlandes, d. h. zum Schutzherrn der römischen Kirche und ihres sichtbaren Oberhauptes gesalbt und gekrönt wurde[1]). —

---

[1]) Die baierische Landeshoheit über Tirol ist für Pusterthal von besonderer Wichtigkeit, weil sich unter den baierischen Herzogen das Christenthum in dieser Gegend immer mehr ausdehnte. Es ist zwar eine fromme, aber deßwegen nicht unbegründete Meinung, wenn man annimmt, daß der erste Same des Christenthums in der Gegend des uralten Litamum's (zur Zeit der Römer eine sogenannte Mansion auf den Gefilden, wo sich die schönen Wohnungen des Marktes Lorenzen breiten) durch römische mit dem christlichen Glauben schon bekannte Soldaten ausgestreut wurde. Sicher aber

Diese Vereinigung unseres Vaterlandes mit der großen fränki-Monarchie hatte für dasselbe die Folge, daß dessen südlicher Antheil mit dem nördlichen verbunden wurde und nun in der Person Karl des Großen einen einzigen Oberherrn bekam, so daß es an allen wohlthätigen Einrichtungen und Verordnungen Theil nahm, wodurch der große Kaiser Religion und Kultur in seinen weitläufigen Staaten verbreitete.

Das schon früher bei den Franken eingeführte Lehenwesen wurde durch Karl und seine Nachfolger noch mehr ausgebildet und befestiget.

Es vergab der König die ihm eigenthümlichen Grundgüter z. B. Höfe, Dörfer, Burgen mit zustehendem Grundbesitz an einen Andern zum Nußgenusse gegen das Versprechen einer besondern Treue und gegen Leistung gewisser Dienste[2]), besonders im Kriege, so zwar, daß der Treubrüchige das empfangene Lehen wieder verlor. Daß aber Lehen in damaliger Zeit schon durch ein Gesetz bestimmt erblich waren, läßt sich nicht erweisen, obwohl einzelne Fälle der Erblichkeit vorkamen.

War das Lehen von der Art, daß es blos auf männliche Nachkommen übergehen durfte, so hieß es Mannslehen, Gunkel-oder Weiberlehen aber, wenn es beim Abgang männlicher Erben auch auf weibliche Nachkommen überging. Besonders treue Vasallen oder Lehensträger, die sich um ihre Herren verdient gemacht hatten, erhielten bisweilen die Erlaubniß, ihr Lehen oder einen Theil

---

dürfen wir annehmen, daß der h. Rupert, der im Jahre 696 den baierischen Herzog Theodo sammt seinen Söhnen, Hofstaat und vielen Freien und Knechten getauft hatte, bei der Gelegenheit der Stiftung des Bisthums Salzburg über den Tauern (per montes duros) nach Pusterthal kam und die Bewohner desselben bekehrte. Die unverdorbene Herzensgüte des biedern Alpenvolkes und die fromme Einfalt ihrer Sitten machten sie für den milden Geist des Christenthums und für die siegende Wahrheit der göttlichen Lehre empfänglich. —

[2]) Im zwölften und dreizehnten Jahrhundert bestand die Gewohnheit, die nöthigen Arbeiten nicht mit Geld, sondern mit Lehengütern zu bezahlen, wovon die noch so vielfältigen Benennungen von Lehengütern sich herschreiben, z. B. Schmiedlehen, Räderlehen, Waschlehen, Gartlehen, Zimmerlehen, Mauer-lehen, Garblehen, Wachtlehen, Kohllehen, Kuhlehen, Hirtlehen, Muttlehen, d. st. Mauth- oder Zolllehen, — jetzt durch Mutschlehen ausgedrückt (Sinn. B. II. S. 79.)

desselben auch einem Dritten zu übertragen, in welchem Falle dasselbe dann Afterlehen hieß.

Zum sichern Unterhalte der Kirchen und Priester führte er
allenthalben in seinen Ländern, also auch in unserm Gebirgslande,
wo er nicht schon früher bestand, den Zehent ein und machte ihn
für immer gesetzlich; wie er überhaupt sich um Kirchen, Klöster
und dergleichen geistliche Stiftungen in Deutschland sehr verdient machte.

Die öffentliche Gerichtsordnung war um diese Zeit nach
fränkischen Gesetzen folgende:

Bei gerichtlichen Klagen mußte der Kläger seine Aussage entweder durch Zeugen oder durch einen Eid bestätigen. War er
selbst in Ansehung seiner Redlichkeit zu wenig gekannt, so mußte
er noch andere beibringen, welche eidlich betheuerten, daß sie
ihn für einen rechtschaffenen Mann halten; solche Mitschwörende
hießen Eideshelfer. Wollte sich der Verklagte dessenungeachtet
noch nicht als schuldig bekennen, so konnte er seine vorgegebene
Unschuld durch gewisse Proben, welche man Ordalien oder Gottes-
urtheile nannte, beweisen. Dergleichen sehr vermessene Proben
waren: Der Zweikampf — zwischen dem Beklagten und dem
Kläger; im Falle seines Sieges war ersterer als unschuldig erklärt;
die Wasserprobe, welche seine Unschuld an das Licht bringen
sollte, wenn er in Gegenwart der Richter ins Wasser geworfen,
nicht alsogleich untersank, oder wenn sein Arm, nachdem er ihn in
einen mit siedendem Wasser gefüllten Kessel gesteckt, nach drei Tagen
unbeschädigt gefunden war.

Eine für unser Land „im Gebirge" wichtige Anordnung Karls
war seine Eintheilung in Gaue (pagos), von denen für unsere
geschichtliche Darstellung nur der Gau Pusterthal³) unsere Aufmerksamkeit im Folgenden in Anspruch nimmt.

---

³) Gewöhnlich leitet man den Namen Pusterthal von seinen alten Be-
wohnern den Pyrrusten ab, welche sich nach dem Hauptflusse Pyrrus, wie die
Rienz in alten Urkunden des achten und neunten Jahrhunderts heißt, so
genannt haben sollen. Dieser Meinung kann ich jedoch nicht beitreten;
denn die Pyrrusten nannten sich schon lange vorher nach Julius Cäsar
(de bello gall. Lib. V. c. 1.) Strabo und Claudius Ptolomäus so, ehe sie
ihre alten Wohnsitze in Illyrien verließen und Pusterthal zur neuen Hei-
math wählten, so daß sie dem Flusse Rienz den alten Namen Pyrrus

Das Pusterthal nach seiner alten geographischen Bedeutung (vallis Pustrissa) begann bei der Lienzner oder Neuenburger Klause und endigte bei der Mühlbacher oder Haslacher Klause.

Dieser ganze Bezirk zerfiel nun zur Zeit Karl des Großen und seiner Nachfolger in drei Theile, oder wenn man will in zwei Gaugrafschaften und in das dem Kloster Innichen gehörige Gebiet oder die freisingische Herrschaft. Am östlichsten gelegen war der Lurngau. Lurn, Lurnfeld heißt noch jetzt eine Fläche Landes von Spital bis gegen Sachsenburg, abgekürzt von Liburnia, einst ein Bischofssitz, von den Avaren zur Zeit der longobardischen Eroberung von Grund aus zerstört. Die Gränzen dieses Gaues waren: nördlich die Besitzungen des Hochstiftes Salzburg als: der Lungau, Pinzgau, Pongau, Salzachgau, Eilergau; südlich: die Besitzthümer von Aquileja und der Gau Istrien; östlich die kärnthnerische Grafschaft an der Gurk und Glan; westlich der Anraserbach oder wie er auch heißt, der Abfaltersbach. Von da an begann die freisingische Herrschaft Innichen,[4] welche im Norden von der Gebirgs-

gaben, statt sich nach diesem zu nennen. Mir scheint das Wort »Pust« slavischen Ursprungs zu sein; denn pusta bedeutet in dieser Sprache, leer, wüst, öde, so daß damit auf die von den Slaven angerichtete Verwüstung Pusterthals hingewiesen wird. Schon im Jahre 595 zog Herzog Thassilo I. gegen die mit den Avaren vereinigten Slaven, um sie in ihrem Vordringen zu hindern, zu Felde, schlug sie in einer blutigen Schlacht und kehrte mit schwerer Beute als Sieger in sein Land zurück. Dadurch ermuthiget wagten die zur Bewahrung der Gränze zurückgelassenen Baiern im Jahre 600 einen zweiten Zug gegen die nämlichen Slaven vom Stamme der Wenden oder Winden. Allein ihr Schutzherr, der Gebieter der Avaren, kam den Wenden zu Hilfe, überfiel die Baiern und hieb sie alle so zusammen, daß kein Mann davon kam. Nach dem Tode Thassilo I. unternahm sein Sohn und Nachfolger Garibald II. ebenfalls einen Kriegszug gegen diese Slaven, wurde aber nicht blos von ihnen bei Agunt, dem heutigen Innichen geschlagen, sondern es drangen dieselben sogar noch weiter in das Pusterthal vor, plünderten und verheerten Alles, wohin sie kamen; selbst Agunt, diese stolze und starke Römerveste soll von ihnen zerstört worden sein. Allein die Baiern sammelten von Neuem ihre Kräfte, fielen mit Heldenmuth über die raubgierigen Horden her, schlugen sie auf den Feldern von Toblach so, daß sie eiligst die Flucht ergreifen, die eroberte Beute zurücklassen und das Pusterthal zum letztenmal räumen mußten. Als Andenken an diesen Sieg blieb uns, wie man dafür hält, der Name Viktori-Bühel (Siegesbühel) — ein Hügel zwischen Toblach und Innichen.

[4] Auf dem Hügel und dessen Abhängen südlich von Innichen und an den Ufern des Sertnerbaches in der Nähe seines Zusammenflusses mit der Drau, lag Agunt, die uralte Handelsstadt, berühmt unter den Römern.

kette von Taufers und Tefferecken, südlich von den Felsenklippen
des Cadober, westlich von dem Pudingsbache bei Taisten und Welsberg umfangen wurde. Der freisingische Schirmvogt verwaltete
kraft der geistlichen Immunität, den gräflichen Ambacht im Innich-
ner Bezirke.

Westlich von Innichen begann der Gau Pusterthal im engern
Sinne, den wir in der folgenden Darstellung allein im Auge behal-
ten. Er endigte südlich an dem Ellengebirge bei Robeneck, nördlich
an den Felsenstöcken vom Eilergau und Pinzgau, westlich am Ur-

---

Als Mittelstation zwischen Aquileja und Deutschland hatte sie in kommer-
zieller Beziehung eine sehr große Bedeutung. Zu den Zeiten der Römer
vereinigte die Stadt Aquileja im Mittelpunkt des Handels zwischen dem
Norden und Süden Europas die größten Reichthümer. Man nannte sie
meist das zweite Rom; sie soll 100,000 Einwohner gezählt haben und Kaiser
August verweilte gerne in ihren Mauern. Doch beide Städte gingen mit
der Macht der Römer unter; Aquileja fiel durch die wüthenden Horden der
Hunnen, Agunt durch die raub- und mordsüchtigen Slaven (Siehe Anmerkung 3). — Nicht auf dem Hügel, worauf das römische Agunt gestanden,
sondern auf die Ebene herab wurden nun die Wohnungen gebaut und nicht
mehr Agunt, sondern Indja (Intica) genannt. Der Bojoaren Herzog Thassilo II. schenkt in einer Urkunde, ausgefertigt zu Bauzanum (Bozen) im 22.
Jahre seines Herzogthums (770), dem Abte Atto zu der Kirche des h. Apostel-
fürsten Petrus in Skaranzia oder Scarbia (Scharniz) den Ort genannt
India von dem Bache Tesido (so war damals der Gsießerbach genannt) bis
an die Gränzen der Slaven mit allen Feldern, Gebirgen, Weiden, Moos-
gründen, Wäldern und Jagdbarkeiten unter der Bedingung, daß er zu India
ein Kloster erbaue und mit Ordensleuten aus Skaranzia besetze, vorzüglich
in der Absicht, damit diese sich bemühen sollten, das ungläubige Volk der
Slaven auf den Weg der Wahrheit zu führen. Atto, der dann Bischof von
Freising und Gesandter Karl des Großen unter Papst Hadrian in Rom geworden, ließ Kloster und Kirche in Innichen bauen, berief die Benediktiner-
Mönche von Scharniz, brachte die Gebeine des h. Candidus in die neuerbaute Kirche und weihte sie zu dessen Ehre. Wie Karl der Große die
Schenkung Thassilo's, so bestätigte Ludwig der Fromme in einer Urkunde,
gegeben zu Aachen im Jahre 816, die Gründung des Klosters und der Kirche.
Weil damals Skaranzia dem Bischof von Freising untergeordnet war und
der Abt Atto von Skaranzia selbst den Bischofsstuhl in Freising bestiegen
hatte, so geschah es, daß Innichen dem Hochstifte Freising einverleibt wurde,
das nicht nur die geistliche, sondern auch die weltliche Gerichtsbarkeit über
die Hofmark ausübte, jedoch letztere ohne Blutbann. Die Mönche zu Innichen lebten getreu nach der Regel des h. Benedikt in klösterlicher Versammlung und versahen die umliegenden Ortschaften Sillian, Toblach und Nieder-
dorf als eifrige Seelsorger.

sprunge des Pfunbererbaches, der bei Untervintl in die Rienz fließt. —

Ueber diesen unseren Gau Pusterthal war nun, wie über die übrigen Gaue unseres Vaterlandes und überhaupt alle Gaue des fränkischen Reiches ein sogenannter Gaugraf gesetzt.[5]) Er war Beamter des Kaisers, er wurde von ihm bestellt und entlassen und konnte auf den Wink entfernt werden (ad nutum amovibilis), wie es in den ältesten Urkunden heißt. Daß es auf diese Weise keine erblichen Grafen und auch keine Titulargrafen mit der Benennung nach ihren Schlößern und Grundbesitz gab, versteht sich von selbst. Ein Graf war nur dort möglich, wo auch eine Grafschaft war. Er hatte die Militär- und die damals höchst einfache Civilverwaltung, zuerst mit Ausschluß, später oft mit Inbegriff der richterlichen Gewalt, wenigstens insofern er bei den richterlichen Aussprüchen präsidirte.

Unter den Grafen standen die Vizegrafen, vicecomites; Hundertgrafen und Dekane über je 100 oder 10 Familien. —

Wo ein geistliches Besitzthum war, übte im Namen des Bischofs sein Vizedom (Vicedominus, Vizthum) das Richteramt aus; der Umkreis, auf welchen es sich erstreckte, hieß der „Ambacht." — Die Obsorge für die äußere Sicherheit und den Schutz für den Bischof und die Bewohner seines Bezirkes führte ein anderer weltlicher Graf, der dann in Bezug auf dieses geistliche Gut dessen Vogt, advocatus, war. Eine solche Vogtei gab Macht und Einkommen und war daher sehr gesucht, oft so sehr, daß manche Gotteshäuser von benachbarten Grafen gezwungen wurden, ihren Schutz anzunehmen. Nur hie und da zur Zeit Karl des Großen und noch einige Zeit nachher führten manche Bischöfe selbst ihren Heerbann an; so z. B. fiel der Bischof Zacharias von Säben im

---

⁵) Der Name »Graf« kommt vom altdeutschen Worte Rav, welches — Dach — bedeutet, her. G — oder Ga bedeutet in der Zusammensetzung so viel als unser »mit« — cum — so daß also Garav — Grav — Graf einen solchen bedeutet, der mit dem Fürsten oder Kaiser unter einem Dache, d. h. sein Begleiter, sein comes ist. Auf diese Weise würde also auch die sprachliche Bedeutung dieser zwei Bezeichnungen: Graf und Comes, zusammenfallen. — (Deutscher Sprachschatz v. Graff B. IV. S. 432.)

Jahre 907 in der unglücklichen Schlacht bei Theben, welche Ludwig IV., das Kind, gegen die Ungarn verlor.

Zur Kontrolle der Gaugrafen wurden Hofkommissäre (missi regii) eingeführt, welche die Länder zu bereisen und ihre Verwaltung zu beaufsichtigen hatten.

Auf diese einfache Art wurde das große fränkische Reich verwaltet; doch dieser Bau, so gut er auch geführt schien, war nicht von langer Dauer.

Karl der Große starb am 28. Jänner 814 im 71. Jahre seines thatenreichen Lebens. Sein Sohn Ludwig der Fromme bestieg den väterlichen Thron. Unter seiner und seiner Nachfolger Regierung wurde das Band, welches die königlichen Beamten an den Fürsten knüpfte immer mehr gelockert bis es endlich im Verlaufe der Zeit gänzlich zerrissen wurde. Die Gaugrafen gelangten, wie die anderswo wieder eingeführten Herzoge und Markgrafen, zu einer sehr großen Macht. Obgleich deren hohes Amt im Frieden, wie im Kriege anfänglich nicht erblich war, so ließen bennoch die spätern Könige dasselbe gewöhnlich in einer und derselben Familie vom Vater auf den Sohn übergehen bis es endlich gleichsam durch Verjährung und bisweilen wohl auch zur Belohnung außerordentlicher Verdienste vollends erblich wurde. Daher geschah es, daß diese Dynasten oder Gewalthaber allmälig unabhängige Gebieter und kleine Tyrannen im Lande wurden, welche nicht nur ihre Unterthanen willkürlich belasteten, drückten und zum Theil leibeigen machten, sondern auch unter sich in beständigen Fehden und Kriegen lagen. Wenn unter ihnen über das Mein und Dein ein Zweifel oder eine Irrung entstand, oder eine Ehrenkränkung vorfiel, so hielten sie es gewöhnlich unter ihrer Würde, den Streit von sach- und rechtskundigen Männern oder von einem höhern Gerichte entscheiden zu lassen, sondern sie entschieden selbst, — durch ihre eigene Faust, d. h. durch das Schwert und die Lanze; daher man diese Art, sich Recht zu verschaffen, das Faustrecht nennt.

Manche solcher Gau- und anderer Grafen verwandelten ihre Felsenburgen in förmliche Raubschlösser, überfielen von denselben herab vorüberziehende Kaufleute und Wanderer, sperrten die öffent-

lichen Straßen und erlaubten sich Gewaltthätigkeiten gegen Nach-
barn und Fremden.

Um nun diesen Gewaltigen im Lande ein Gegengewicht zu
geben erließ Kaiser Konrad II. im Jahre 1037 für den niedern
Adel die neuen Lehengesetze, durch welche den kleinen Vasallen die
Erblichkeit ihrer Lehen gesichert, den Lehensherren die Veräußerung
eines Lehens ohne Zustimmung der Vasallen untersagt, den letztern
das Vorrecht, nur von Ihresgleichen gerichtet zu werden und bei
Streitigkeiten von dem Lehensherrn an den Kaiser appelliren zu dürfen, gestattet wurde. [6]

Auf diese Weise wuchs das Ansehen, und der Reichthum des
niedern Adels zunehmend, was bei unserm Adel im Pusterthal noch
mehr der Fall war, als dasselbe im Jahre 1091 an das Hochstift
Brixen kam, [7] so daß wir um die Mitte des zwölften Jahrhunderts
zahlreiche Adelsgeschlechter in diesem Landes-Theile finden, die wir
nun im Folgenden näher kennen lernen.

Die Adelsgeschlechter im Pusterthale.

(1130 — 1460.)

Niedervintl.

Auf der Poststraße nach Bruneck 1³/₈ Stunden östlich von
Mühlbach liegt in beengter Thalsohle am rechten Ufer der Rienz
von fruchtbaren Feldern und Wiesen umgeben das Dorf Niedervintl.
Hier hauste einst ein uraltes Geschlecht. Denn schon im Jahre
1163 nach Chr. erscheint ein Wacile de Vintile als Zeuge in der

---

[6] Militum animos in hoc multum attraxit, quod antiqua beneficia
parenti nemini posterorum auferri sustinuit. Wippo.

[7] Am 2. September 1091 gab Kaiser Heinrich IV. zu Verona, auf
die gemeinsame Bitte der Bischöfe Rupert von Bamberg, Johann von
Speier, Otto von Straßburg, des Herzogs Friedrich von Hohenstauf und
des Pfalzgrafen Ratbod, dem Bischof Altwin von Brixen die Grafschaft
Pusterthal, sammt zwei Huben zu Reischach in dem nämlichen Comitate.
(Aus dem Brixner Archiv Horm. S. 132.)

Urkunde des Saalbuches von Neustift (I. 99.) [8]) durch welche Heinrich von Lechsgemund durch Friedrich von Robank einen Mansus [9])
in Tefferreggen dem Stifte übergibt. Um das Jahr 1237 finden
wir einen Dietmar von Vintl, der sich ausdrücklich villicus, d. h.
Meier — Küchenmeier nennt. Wir haben schon aus dem Jahre
1150 die deutlichsten Nachrichten, daß das Hochstift Brixen mehrere
solche Küchenmeierhöfe besessen habe, die es anfangs durch seine
Ministerialen besorgen ließ. Später wurden solche Höfe den Söhnen
solcher Ministerialen zum Erbbaurecht überlassen mit der ausdrück-
lichen Verpflichtung „für den Tisch und die Küche“ ihrer Herren und
Bischöfe zu sorgen und die Lebensmittel nach einer genauen Vor-
schrift herbeizuschaffen. Die Söhne solcher Meierhofbesitzer wurden
gewöhnlich Kämmerlinge der Bischöfe und begleiteten sie auf ihren
Reisen. Dadurch erwarben sie sich die Gewogenheit ihrer Herren
und große Achtung bei dem Volke, die dadurch noch gesteigert wurde,
daß sie nicht unter der gemeinen Gerichtsbarkeit, sondern unmittelbar
unter dem Hofgerichte von Brixen standen, ein klarer Beweis, daß sie
dem Adel gleichgehalten wurden. Sie nannten sich auch von solchen
Meierhöfen, wie die Adeligen von ihren Burgen. So finden wir
in den Archiven von Brixen und Neustift Villici de Runggada in Brixen,
de Sarns, de Albeins, de Viersch, de Rodank, de Thumburg, de
Lusina, de Vals. Diese letztern, die Besitzer des Meierhofes in Vals,
und die Meierhofer von Vintl gehörten zum nämlichen Geschlechte,
da Dietmar von Vintl zwei Söhne hinterließ, von denen der ältere,
auch Dietmar genannt, die Verwaltung des Meierhofes in der Vintl,
der jüngere Otto von Bischof Bruno um das Jahr 1263 das
Erbbaurecht des Küchenmeierhofs in Vals erhielt. Deßwegen führten
sie beide immer ihr altes Stammwappen, einen weißen aufrecht

---

[8]) Der Kürze halber werde ich die Urkunden aus dem Saalbuche
von Neustift immer so bezeichnen: I. bedeutet liber testamentorum, II. liber
donationum; die arabische Ziffer die laufende Nummer. III. Das Manuscript
des Johannes Librarius im Archiv von Neustift.

[9]) Mansus, der Hof, begriff ursprünglich eine Besitzung von 12 Jau-
chert, hinreichend für die Bearbeitung eines Gespanns Ochsen. Curtis oder
Curia hieß eine gutsherrliche Besitzung, wenn sie mehrere bewohnte Höfe,
mansos, mit Wirthschaftsgebäuden in sich begriff; curtis regia, wenn sie dem
Könige gehörte und von einem Verwalter, villicus, besorgt wurde.

ſtehenden Gemsbock im rothen Felde, bis Hans, der letzte Meier in
der Vintl hievon eine Ausnahme machte, indem er auf dem Helm,
wie auf dem Schilde einen halben Gemsbock führte. Als um das
Jahr 1400 eben dieſer Hans als der Letzte ſeines Geſchlechtes geſtorben, die Nebenlinie der Meier von Vals aber ſchon im Jahre
1370 mit Fribank erloſchen war, ſo kam der Meierhof in der Vintl
durch Erbſchaft an den edlen Stuck von Bruneck, da ſeine Tochter
Anna, die allein noch von ſeinen 3 Kindern am Leben war, mit
Moritz Stuck verehelicht war. Sigmund Stuck verkaufte den Meierhof dem Balthaſar Jöchl von Vahrn, von dem ihn Georg, Biſchof
von Brixen, einlöſte und ſeinem Kämmerer Auguſtin Vonauer zu
Baurecht übergab. Im Jahre 1502 verkaufte ihn Joachim Vonauer
ſeinem Vetter Peter Mayrhofer — „an der weißen Kirche" — (Obervintl) geſeſſen, bei deſſen Nachkommen er bis 1704 blieb. In dieſem Jahre kaufte ihn Chriſtian Peintner und erhielt auf ſein An-
langen von Kaspar Ignaz, Fürſtbiſchof von Brixen „für den Meierhof zu Niedervintel ein Confirmations-Abelsdiplom, weil ſolcher
Anſitz ſchon ſeit undenklichen Zeiten immer als ein adeliger Anſitz
unter dem Hofgerichte geſtanden" — mit der Erlaubniß, dieſen Hof
Trojenbach zu nennen. Später erbte die Familie von Jenner und
dann von dieſer die Familie von Mayrl zu Bozen den Anſitz
Trojenbach. —

Kiens,

ein Dorf an der rechten Seite der Rienz und an der Poſtſtraße
2½ Stunden weſtlich von Bruneck in einer fruchtbaren Gegend
gelegen; es dehnt ſich in einer langen Häuſerreihe von der Straße
bis zum Fuße des Pfalzner Berges aus und wird durch den kleinen
Kienſer Bach, Rumpler genannt, durchſchnitten. Es wird in den
älteſten Urkunden Chienna, Chyenn, ſpäter Chienes, Khiens, endlich
Kiens genannt, ohne daß man bisher auch nur die leiſeſte Spur
von der Bedeutung dieſes Namens finden konnte. Die erſte Meldung von dieſem Orte geſchieht im Jahre 1010 in einer freiſing-
ſchen Urkunde, durch welche der Edelmann Aribo dem Biſchofe zu
Freiſing Engelbert für ſein Seelenheil an dem Orte Chienna eine

Hofstatt zunächst bei dem Hofe des Minnigo gelegen, mit einer Hube, die zu derselben Hofstatt gehört, vermachte und zwar auf dem Altar des h. Urban zur Erhaltung des Priesters, der diesem Altare dient. (hist. frising. tom. I. num. 1158. Resch tom. III. p. 65.) Dieser Aribo kommt auch unter den abeligen Zeugen in einer Urkunde vor, welche von Hartwig, Bischof zu Brixen, um das Jahr 1030 ausgestellt wurde; ja sogar 1050 erscheint er noch einmal als ein reichbegüterter und angesehener Mann im Pusterthal, der wahrschein- lich seinen Sitz zu Kiens hatte. Unter Bischof Altwins Regierung kommen schon mehrere Nachrichten von Kiens vor; ja es wird um diese Zeit sogar eines Schlosses Kiens gedacht, welches ein gewisser Edelmann Erchinger zum dritten Theile, wie dasselbe aus Stein und Holz erbaut ist, mit einem Hofe unter dem Schlosse und einigen Neubrüchen dem h. Ingenuin schenkt. (Sinn. Beitr. II. Bd. S. 487). Ueber die Lage dieses Schlosses wurde viel hin und her geredet. Einige verstehen darunter das Schloß Hinterbühl auch Hinterberg und Kastol genannt, welches einst auf dem zwischen Kiens und Ehrenburg sich erhebenden Hügel gestanden haben soll, auf dem man Spuren von altem Mauerwerk entdeckt. Hier stand allerdings in uralter Zeit ein festes Kastell, von den Römern erbaut, wie die zahlreich ausgegrabenen römischen Münzen beweisen; allein um diese Zeit, wo die Edlen von Kiens in der Ge- schichte urkundlich auftreten, war es schon lange verschwunden. An- dere sagen, unter dem castrum Chienes sei das nachher so berühmt gewordene Schloß Schöneck zu verstehen; allein auch dieser Mei- nung können wir nicht beistimmen; denn dieses Schloß wurde erst um das Jahr 1150 erbaut. (Sieh' Schöneck). Es unterliegt daher keinem Zweifel, daß unter dem castrum Chienes das heutige Bene- fiziatenhaus in Kiens zu verstehen sei, welches durch seine feste und eigenthümliche Bauart auf ein sehr hohes Alter zurückweiset. Hier saß der reiche und angesehene Edelmann Erchinger von Kiens, welcher diesen Ansitz im Einverständnisse mit seiner Gattin Hiltibold um das 1070 dem Bischof Altwin schenkte, so daß er ein Lehen der Kirche von Brixen wurde. Als solches hatte diesen Ansitz Alberich von Kiens inne, der 1149 als Zeuge jener Schenkung erscheint, welche Regenhart und Regenbert von Pfalzen nach dem Tode ihrer

Mutter an das Kloster Neustift machten (I. 30.) Die Söhne Alberichs waren Rabpot (I. 77. J. 1161), Ulrich (I. 96. J. 1163.) und Ortolf (I. 172), der im Jahre 1207 miles de Chienes genannt wird und mit seinem Bruder Rabpot ohne Nachkommenschaft starb. Ulrich hinterließ einen Sohn, Siboto mit Namen, der um das Jahr 1221 als Zeuge erscheint, (II. 316). Siboto's Sohn war Pernhart, welcher um 1270 ohne Kinder als der Letzte der sogenannten Herren von Kiens starb; denn schon im Jahre 1278 erscheint Otto, ein Sohn Otto's von Hasenried mit dem Castrum Chienes belehnt, der sich daher auch „von Kiens" nannte. Doch nicht lange hatte Otto dieses Lehen inne; denn als sein Bruder Jakob mit Tod ohne Kinder abgegangen war, sagte er das Lehen in Kiens heim und zog auf sein väterliches Gut in Hasenried. Das heimgesagte Lehen wurde 1282 dem Heuzzo von Kiens verliehen. Seine Söhne Hans und Heinrich, welche als Dienstmannen der Herren von Schöneck bei ihnen das Schreiberamt versahen, und insgemein die Heuzzen von Kiens mit einem eigenen Wappen — ein Messerbesteck — genannt wurden, erschwangen sich zu nicht unbedeutendem Reichthume und lösten das Castrum Chienes durch Erlag einer Abfindungssumme aus dem Lehenverbande. Doch bald darauf verkaufte es Hans der Heuzze dem Christian von Ehrenburg (sieh Ehrenburg) damaligem Richter auf Schöneck, von welchem es sein Sohn Johann von Kiens, der sich dem geistlichen Stande widmete, erbte. Am 9. September 1352 bestätigte Matthäus, Bischof, zu Brixen diesen Johannes von Kiens als Pfarrer von Pfalzen und Kiens; (beide Gemeinden waren damals zu einer Pfarre vereint). Ueberaus groß sind die Verdienste dieses Mannes um seine ihm anvertraute Pfarre; er war ein eifriger Seelenhirt, der sich überall als einen thätigen und einsichtsvollen Mann bewies. Um die Armen und Nothleidenden in seiner Gemeinde thatkräftiger unterstützen zu können, verkaufte er 1354 das ihm durch Erbschaft zugefallene Schloß in Kiens sammt den dazu gehörigen Aeckern und Wiesen dem Paul Heuzzen, weiland des Hansen Heuzzen Sohne. Mit Peter Arberger, Gerichtsherr in Taufers, und vielen andern Gleichgesinnten ging unser Johannes als Pfarrer von Pfalzen, dem Erzherzoge Rudolph IV. entgegen und half ihm im strengen Winter über den Krimler Tauern, als er Ende Jänner 1363 nach Tirol kam, um unser Vaterland mit Oesterreich zu vereinen. Dafür zeigte sich aber Erzherzog Rudolph auch dankbar, indem er auf die Bitte — „seines sunders lieben Hansen" — zu S. Sigmund, einem damals sehr besuchten Wallfahrtsorte, eine tägliche h. Messe stiftete — wohl die erste Stiftung in Tirol aus dem erhabenen Kaiserhause von Oesterreich [10]). Als Johannes von Kiens im Jahre 1384 Domdekan zu Brixen geworden, kaufte er sein väterliches Erbe, das castrum Chienes wieder zurück und bestimmte es zur Wohnung und zum Unterhalte des Benefiziaten, der seine Stiftung ihm verdankt. Johannes starb reich an Verdiensten am 28. April 1394 und wurde auf sein ausdrückliches Verlangen in Neustift, wo er sich Jahrtage stiftete (III. 610, 680), begraben.

---

[10]) Der Stiftbrief lautet: »Wir Rudolff der viert von Gottes genaden Erzherzog ze Oesterreich, ze Steyr und ze Kerndten, Herr ze Krain auf der Marich, und ze Porttnau, Graf ze Habsburg, ze Tirol, ze Phirt und ze Kyburg, Marich Graf ze Purgau, und Lantgraf ze Burgau, und Lantgraf in Elsazz Bekhennen und thun chunt öffentlich mit diesem Brief, allen den, die ihn sehen, lesen, oder hören lesen. Wann wir als Rechte nachvolger unsern vordern Selig Gottesdienst alle weg gern meren unde fürdern und wan Sand Sygmundts Chirchen, enhalb Prauneck in Brichsner Bistum, von Andacht Christlichen Volks das verr von manigen Landen dahin chomt, also hat aufgenommen, daz fürbaz ein Erbarer Priester, der alle Tag mit ihm selb oder mit einem andern mess hab, da wonen und seyn soll, haben wir durch Gott und zu Lob und eren dem h. Herren S. Sigmundt, der hie mit königlicher wirdigcheit die himelisch freidt verdient hat, zu der egenant ewigen mess und zu der Phründt des Priesters daselbs geben und geschaffen, Sechzig Mark Perner, Meraner Münz, unß, unsern Vordern und unsern Erben zu hail, und zu Seelgereidt ewichlich, und als die weill wir, unser Brueder, und Erben die Sechzig markh nicht darzue richten, haben wir dem Kapplan von Sandt Sigmundt, wer der ist, geschaffen und schaffen auch an unsern Zoll zu dem Lueg Sechs march der ehegenannten minz järklich inzenemmen unz die obgenannten Sechzig markh zu der mess verricht werden, als vorgeschrieben stet. Davon empfelchen wir unserem Zoller daselbs an dem Lueg, wer der jetzo ist, oder welcher in chonfftigen Zeiten da wirt, daz er alle Jar zu der mess, alldieweil daß obgenannt gelt darzue nicht ausgericht ist, geb und raiche Sechs markh Perner, wan wir ihm die an seiner Raitung legen und abziehen wöllen. Mit urchunt dits Briefes, der geben ist Jnchingen an Pfingsttag nach Sand Luceientag nach Kristes gepurd dreizehnhundert Jar darnach in dem drei undtsechzigisten Jare, unsers Alters in dem fünff und Zwainzigisten und unsers gewaltes in dem Serten Jare.

Schloß Schöneck

ist nördlich vom Dorfe Kiens auf einem hohen schroff aufsteigenden Felsen gelegen. Herrlich ist die Aussicht, welche das Auge von da aus genießt; es schweift mit wahrer Lust über die nahen und fernen Gegenden, über Pfalzen, Kiens, Ehrenburg und die Umgebung von Bruneck mit ihren unzähligen Naturreizen. — Es läßt sich nicht genau bestimmen, um welche Zeit die Herrschaft Schöneck als solche ihren Anfang genommen und eine eigene Gerichtsbarkeit mit besonderm Namen erhalten hat. Wahrscheinlich gab aber jene Schenkung, welche Kaiser Heinrich IV. dem Bischofe Altwin von Brixen am 2. September 1091 zu Verona machte, Veranlassung, daß die Grafschaft Pusterthal, nun im Besitze des Hochstiftes Brixen, in mehrere kleinere Herrschaften aufgelöst wurde, die verschiedenen edlen Geschlechtern zu Lehen gegeben wurden.

Wenn sich in Bezug auf diese Schenkung der Zweifel erhebt, ob sie wohl die ganze Grafschaft Pusterthal oder nur einen Theil derselben, nämlich die Gegend um Reischach in sich begreife, so ist es doch gewiß, daß das Hochstift Brixen in der Gegend des spätern Gerichtes Schöneck schon sehr frühe verschiedene Besitzungen hatte, folglich immer als der erste Besitzer der Herrschaft Schöneck nach der Zerstückelung der Grafschaft Pusterthal angesehen werden muß.

Im Jahre 892 stellte Arnulf, König der Deutschen dem Bischofe Zacharias zu Säben einige Jagdbarkeiten und Forstrechte im Pusterthale zurück, welche der Kirche zu Säben durch übelgesinnte Edelleute entrissen wurden (Sinn. Beitr. I. S. 424.) Um das Jahr 1070 schenkte ein gewisser Edelmann von Kiens der Kirche zu Brixen den dritten Theil des Schlosses Chienes. Auch die übrigen Theile des Schlosses sammt den umliegenden Gütern sind bald darauf an das Hochstift Brixen gekommen, denn der Bischof Altwin mußte den freien Hiltibold zu bereden, daß er sein Landgut bei dem Schlosse Chienes und in der Umgebung, welches ihm und seinen Söhnen Hiltibold und Wezilo aus der Verlassenschaft des Edelmannes Noppo und seiner Mutter Engilrade zugefallen war, der Kirche Brixen schenkte und ihr das Eigenthumsrecht von allen diesen Gütern unverzüglich einräumte (Sinn. Beitr. Bd. II. S. 487).

2

Doch nicht lange blieb das Hochstift Brixen im unmittelbaren Besitze dieser Güter, sondern es fand sich bewogen, dieselben dem edlen Geschlechte der Robanker als Lehen zu übergeben.

Dieses alte und mächtige Dynastengeschlecht unseres Vaterlandes, welches neben den Herrschaften Robaneck und Schöneck, von denen es den Namen geführt, auch Thurn an der Gader und Buchenstein [11]) sammt einer großen Menge liegender Güter, Dienstmannen und eigenen Leuten besaß, tritt mit seinem Familiennamen zwar erst um das Jahr 1120 in der Geschichte auf, da vor diesem Jahre die Angabe des Geschlechtnamens in userm Vaterlande nicht üblich war. Indessen scheint doch jener Robanus, der um das Jahr 1060 unter Bischof Albuin Vogt der Kirche von Brixen war, und dessen Witwe Willa im Einverständnisse mit ihren Kindern Rathkis und Abalgoz der Kirche von Brixen ein Landgut zu Rasen schenkte, aus diesem Geschlechte gewesen zu sein, wie auch jener Pankratius, dessen sein Sohn Walther, Kapellan des Bischofs Altwin, in einer Urkunde gedenkt, durch welche er eine ganze Hube auf dem Berge Robunc — im Dorfe Nubers (Naubers) gelegen, dem Bischof unter der Bedingung übergibt, daß Jahrtage für seinen Vater Pankratius und seinen Bruder Irmenstein gehalten werden. Ob nun Robanus oder Pankratius der Stammvater dieses Geschlechtes sei, kann nicht mit Sicherheit angegeben werden, da alle urkundlichen Belege fehlen, um ihre Nachkommenschaft in ununterbrochener Reihenfolge aufzuführen. Dies ist erst möglich mit Friedrich I., der um das Jahr 1124 als „nobilis Ministerialis Ecclesiae brixinensis" unter Bischof Hugo erscheint. Seine ohnehin schon großen Besitzungen und das ansehnliche Vermögen, welches ihm seine Gattin Gerbirgis zubrachte, die wir

---

[11]) Wann und wie das Schloß Buchenstein (in alten Urkunden Pocharn, später Puechberg) mit dem Gerichte im Thale Livinalongo an das Hochstift Brixen kam, läßt sich aus Mangel geschichtlicher Urkunden nicht mit Gewißheit bestimmen. Vielleicht war Buchenstein auch unter der Grafschaft Pustrissa begriffen, welche Kaiser Heinrich IV. 1091 dem Bischof Altwin von Brixen schenkte. Von dieser Zeit bis auf das Jahr 1221 herrscht tiefes Dunkel in der Geschichte Buchensteins; erst da zeigen sich die ersten Spuren, daß die Brüder Friedrich und Arnold von Robank und Schöneck Buchenstein besessen haben.

in den Urkunden immer mit dem Beinamen „nobilis Noricana“ finden, ohne jedoch zu wissen, aus welchen Geschlechte sie war, weckten in ihm den Entschluß, eine feste Burg auf Robank zu bauen. Dazu wurde der äußerste, südwestliche Vorsprung des Robanecker Berges — ein kühn und steil sich erhebender Felsen, an drei Seiten von den schäumenden Wogen der Rienz umbraust, gewählt. Da aber dieser Grund Eigenthum der Kirche von Brixen war, wandte sich Friedrich I. an den Bischof Hartmann, der ihm denselben gegen Abtretung eines Landgutes bei Stockach zum Baue des Schlosses um so bereitwilliger überließ (Saalbuch Brixen), da Friedrich schon früher sich als Freund und Wohlthäter der brixner'schen Kirche erwiesen hatte, indem er in die Hände seines Bischofes Hugo drei Aecker auf dem nämlichen Berge im Dorfe Vill, also nahe beim Schlosse übergab. Wie Friedrich gegen Brixen, so war Gerbirg gegen das neugegründete Kloster Neustift besonders wohlthätig, indem sie demselben die Hube Furis, wahrscheinlich auf Robaneck gelegen, im Einverständnisse mit ihrem Sohne Conrad schenkte (I. 107. III. 467, 587). Dieser Conrad fiel mit seinem Bruder Heinrich in jenem blutigen Kampfe der im Jahre 1179 bei Ehrenburg vorfiel und den uns Johannes Librarius erzählt. — [12]).

---

[12]) Hainricus laicus de Rodank (obiit) V. Idus Aprilis. Iste fuit filius Friderici senioris et nobilis Gerbirgis de Rodank, miles strenuus et honestus. Hic unacum fratre súo Gottfrido et Conrado subscripto a dolo plenis et omni malitia' refertis Falangensibus, comite scilicet Chunrado, qui per pacem didicit facere bellum, suisque satellitibus aput Ehrenburch crudeliter dissectus et perfide occisus occubuit. (Diese Falangenses waren die Grafen von Fallai in Baiern. Fallai von fallacia, falesia in der tech=nisch-romanischen Bausprache, ein befestigter Berg, Fels, Wall, Wartthurm, Fula, turris. Sie bildeten eine Seitenlinie der Grafen von Dachau, indem Otto I., der zweitgeborne Sohn Arnolds, Graf von Dachau sich zuerst von Fallai nannte. Er war vermählt mit Adelhaid Gräfin von Görz und erwarb sich mit ihrer Hand ansehnliche Besitzungen im Pusterthale. (Hujus tamen funus delatum in conventu nostro sepultum est, pro cujus animae remedio praedium situm in Barndlen parentes ejus obtulerunt huic ecclesiae cum vinea. Gottfridus conversus nostrae congregationis obiit Idus Aprilis. Iste fuit frater Heinrici de Rodauk. Hic quoque impia perfidia Valangen-sium apud Ehrenburch quasi a carnificibus dilaniatus, volatilibus coeli et bestiis terrae ad devorandum projectus fuit in campum. Quo festinus perveniens Chunradus nostrae congregationis praepositus, nobilem militem in suo san-guine volutantem et adhuc vivum, linguaque palpitantem invenit, fratre

Die Veranlassung zu diesem blutigen Kampfe, in welchem die zwei hoff-
nungsvollen Söhne Friedrich I. Conrad und Heinrich umkamen, von
denen letzterer nur eine Tochter hatte, die sich in der Urkunde (I.
194. III. 469), in welcher sie dem Stifte Neustift eine halbe Hube
auf Robank und den Hof Vorchach in Spisses schenkte, „Sophia de
Merrnstein, filia quondam Heinrici de Rodank" — nannte, mag
die Eifersucht der hochmüthigen und stolzen Fallaier auf die wach-
sende Macht der Robanker gegeben haben. Denn nachdem Reginbert oder Rembert, der älteste Sohn Friedrich I. im Einverständnisse mit seiner Gattin Ottagaiba — aus dem Geschlechte der
Voitsberger [13]) in den geistlichen Stand getreten war und als Dom-

suo praememorato ante dudum mortuo. Qui statim religionis habitum,
quem adhuc incolumis diu desideraverat suscipiens adductus est et frater
nostrae congregationis effectus, qui contulit huic ecclesiae praedium quod-
dam in Rundele. — (Joan. Libr. Memorial. Benefact. n. 466, 467, 468).

[13]) Die Voitsberger waren eines der ältesten Adelsgeschlechter in
Tirol, deren weitläufige Stammburg sich von der St Michaels-Pfarrkirche
zu Brixen bis zu dem Stadtthore auf dem Graben (Voitsberger Thor genannt) in einem regelmäßigen Viereck ausdehnte und mit eigenen festen
Mauern umschlossen war. Von der Lage ihrer Stammburg nannten sich
die Edlen dieses Geschlechtes „de Porta s. Michaelis — oder auch schlechtweg — „de Porta" oder „de Brixina." Sie besaßen lehenweise von der
Kirche zu Brixen das Burggrafenamt daselbst und kommen daher oft unter dem
Namen „Castellani, Burggrafii oder Praefecti urbis"— vor. Mit diesem Burggrafenamt war auch die Gerichtsbarkeit in und außer der Stadt in den nach-
herigen Gerichten Pfeffersberg und Salern verbunden, wodurch diese Edlen
zu großem Ansehen und Reichthum gelangten. Der urkundlich erweisbare
Stammvater dieses alten und reichbegüterten Geschlechtes ist W a l t h e r de
Porta s. Michaelis, der schon in Urkunden vom Jahre 1125 erscheint. Durch
seine unerschütterliche Treue und gewissenhafte Dienstleistung erwarb er sich
in hohem Grade das Zutrauen der Bischöfe von Brixen und durch dieses
auch große und ansehnliche Besitzungen in und außer der Stadt, die sich
durch seine zweimalige Verehelichung mit M a j a und nach deren Tode mit
O t t a g a i b a, reichbegüterten Frauen, und durch den im Jahre 1148 erfolgten kinderlosen Tod seines Bruders G o t t s c h a l f bedeutend vermehrten,
indem dessen Güter in der umliegenden Gegend von Brixen als Erbe an
ihn fielen, so daß er, ohne den Wohlstand seines Hauses zu gefährden, der
Kirche reiche und ansehnliche Schenkungen machen konnte. So verdankt die
Kirche von Brixen seinem Wohlthätigkeitssinne zwei Höfe in Schalders und
das Gut Riffe; das Stift Neustift erhielt am Tage seiner feierlichen Einweihung von ihm den Hof Plaiken — jetzt Oberplaiken genannt — unter
der von Brixen über Neustift nach Schabs führenden Straße gelegen (I. 1.
3. 5. 8. 9. 10. 11. 12. 14. 36. 119.) Damit seine Tochter Elisabeth als

propſt von Brixen dem Kapitel den Hof Ranſebuke und mehrere
Leibeigene als Eigenthum übergeben hatte, fiel das ganze große und

Conversa — Büßerin — in das für Büßerinnen in Neuſtift gegründete und
von dem Kloſter abgeſonderte Haus aufgenommen werden möchte, trat er dem
Convent von Neuſtift ſein Eigenthumsrecht auf den Hof Zume oder Zymian
in Wälſchnoven ab. (III 411, 441). Seine zweite Tochter Ottagaiba, ver=
mählt mit dem mächtigen und reichen Reimbert von Rodank, wurde im Jahre
1150 Mutter Conrads von Rodank, deſſen Erziehung und Bildung ſie ſo vor=
trefflich leitete, daß er noch jung Chorherr und bald darauf Scholaſtikus an der
Domkirche zu Brixen wurde. Doch aus Ehrfurcht und Liebe zur Gottesmutter,
wie eine alte Handſchrift im Archive zu Neuſtift ſagt, legte Conrad dieſe
Würde nieder und nahm das Ordenskleid in Neuſtift, um ungeſtört dem
Dienſte Gottes und dem Lobe der göttlichen Mutter im Stillen leben zu
können. Aber nicht lange war ihm dieſe Zurückgezogenheit und Ruhe ver=
gönnt; denn da bald nach ſeinem Eintritte in das Kloſter der Probſt Chun=
rad am 1. Auguſt 1178 geſtorben war, wurde er einſtimmig von den Brü=
dern zum Prälaten gewählt; denn er war, wie das oben angeführte Manu=
ſcript ſagt: „clericus magnae scientiae et eleganti statura procerus, forma
decorus, in spiritualibus disciplinis et temporalibus exercitiis adeo promp-
tus et urbanus, ut inter omnes sui temporis praelatos nulli esset secun-
dus habitus.‟ — Ueberaus groß iſt das Verdienſt, das ſich Conrad um Neu=
ſtift erwarb. Er vermehrte bedeutend den Perſonalſtand des Stiftes, berei=
cherte die Bibliothek und ſchmückte die Kirche. Da wo früher ein armſeli=
ges Haus aus Holz zur Aufnahme der Pilger ſtand, baute er das ſpäter ſo
ſehr bekannt gewordene Spital und verband damit eine anſehnliche Kapelle.
Allein während des Baues verheerte im Jahre 1190 ein furchtbarer Brand
das Kloſter und zerſtörte ſeine Nebengebäude. Doch Konrad ließ den Muth
nicht ſinken, obgleich die übrigen Brüder an den Wiederaufbau des Stiftes
verzweifelten, und begann im Vertrauen auf Gottes mächtigen Beiſtand den
Bau des zerſtörten Kloſters, das in kurzer Zeit viel ſchöner und zweckmä=
ßiger gebaut wieder aus der Aſche entſtand. Nicht lange mehr jedoch ſollte
dieſes unſern Conrad beherbergen; denn als Eberhard, Biſchof von Brixen
auf den erzbiſchöflichen Stuhl nach Salzburg berufen wurde, übernahm er
das Hirtenamt der Kirche von Brixen und machte ſich um dieſe ebenſo ver=
dient, wie um Neuſtift. Er ſtiftete das Spital in Klauſen und gründete
das Kollegiatſtift im Kreuzgange zu Brixen kurz vor ſeinem Tode, der ihn
in Folge eines ſchweren Falles, als er zur Nachtzeit kurz vor der Mette aus
eben dieſer Kollegiatkirche, wo er ſo manche Stunde im Gebete und in ſtiller
Betrachtung zubrachte, in ſeine Wohnung zurückkehrte, am 14. Oktober 1217
in das beſſere Jenſeits abrief. Wenn auch Walther dieſe Freude nicht mehr
erlebte, ſeinen Enkel Conrad auf dem Stuhle des h. Caſſian zu ſehen, ſo
wurden dennoch ſeine letzten Lebensjahre durch den ritterlichen Sinn ſei=
ner zwei Söhne Ludwig und Ernſt im hohen Grade erheitert, indem der
erſtere ganz in die Fußſtapfen ſeines Vaters tretend, ſeinen Namen verewigte
durch ſeine Anhänglichkeit an die Kirche und durch die zahlreichen Schenkungen,
die er nach des Vaters Tode 1160 verdoppelte (I. 67, 68, 70, 71, 74, 79, 91,
92, 95, 101, 108, 112, 119. III. 411); und der letztere durch treue und ge=

reiche Erbe seinen Brüdern Friedrich II. und Arnold I. zu. —
Dieser Arnold I. erhielt Schöneck von der Kirche Brixen zu Lehen

---

wissenhafte Verwaltung des Burggrafenamtes sich die Liebe und das Zutrauen der Bischöfe, seiner Lehensherren, in so hohem Maaße erwarb, daß
diese gleichsam wetteiferten, den Glanz, den Reichthum und die Macht ihrer
treuen Dienstmannen immer mehr zu heben und zu befestigen. So kam es,
daß schon die Söhne Ernst's Hermann und Albert nicht mehr zufrieden
mit dem alten Stammschlosse sub porta s. Michaelis, sich neue feste Burgen
außerhalb der Stadt erbauten. — Hermann, der ältere, wählte sich zum
Bau seiner Veste den westlich von Brixen nur mäßig vorspringenden Felsenkegel, auf dem er die mächtige Burg Pfeffersberg aufführte, von der er sich
„Herr von Pfeffersberg" oder „der Pfeffersberger" nannte — ein Name, welcher den alten Familiennamen verdrängte und den auch seine Nachkommenschaft annahm, die jedoch nicht lange blühte; denn schon um das Jahr 1260
war sie erloschen, indem Hermann's Enkel Gottschalk, Arnold und Conrad
zum Theil ledig, zum Theil, wenn auch verheirathet kinderlos starben, wodurch die Burg Pfeffersberg mit allen ihren Besitzungen an die Erben Albert's
überging, der um das Jahr 1173 die Burg Voitsberg baute und sich mit
seinen Nachkommen von jetzt an „von Voitsberg" schrieb. Auf dem einst
mit dichtem Walde, gegenwärtig mit Reben bepflanzten Hügel oder dem
Hofe Garten zu Vahrn erhob sich kühn und trotzig die mächtige und starke
Burg, deren Name Voitsberg (von Voget, Voit, Vogt, Advocatus) schon
den Hochmuth ihres Gründers verrieth, der sich, wenn auch dunkel, einen
Advocatus-Schirmherr der Kirche von Brixen zu nennen wagte, da doch
weder er, noch einer seiner Vorfahren je dieses Amt bekleidete. Wir lesen
zwar in der Geschichte nicht, daß Albert auch mit dem Bischofe von Brixen
brach, aber auffallend und befremdend bleibt es immer, daß weder er noch
seine Gattin Sophia, aus dem reichen Geschlechte der Herren von Rodank,
die Kirche von Brixen mit einer ansehnlichen Schenkung bedachten, da sie
doch dem Kloster Neustift den Holz und Weide reichen Berg Visti in im
Thale Vals im Einverständnisse mit ihren Söhnen Heinrich und Ernst
schenkten (I 151.), die bald nach des Vaters Tod um das Jahr 1206 mit
ungerechten Ansprüchen offen gegen ihre Lehensherren und Gründer ihres
Wohlstandes, gegen die Bischöfe von Brixen auftraten. Noch ärger trieb
es ihr Vetter Rembert mit seinem Sohne Engelmar, die sich nicht schrecken
ließen, „den ehrwürdigen Herrn Bischofen Bruno und sein Stift mit Raub
und Brand und andern schweren Angriffen anzufallen." Bischof Bruno
befand sich im Sommer des Jahres 1277 nicht in Brixen, sondern hielt sich
längere Zeit in Schwaben auf (II. 403). In seiner Abwesenheit trieben
diese stolzen Ritter ihr Unwesen ungescheut fort, unterstützt von mehren
mächtigen Edlen aus der Nachbarschaft. Bruno fürchtete aber keine Macht,
wenn es die Rechte seines Stiftes zu wahren galt. Sogleich nach seiner
Rückkehr aus Schwaben, die im August 1277 erfolgte, griff er „mit Rath
seines Domkapitels und seiner Ministerialen" — die Burgen Pfeffersberg
und Voitsberg an und warf sie nach hartnäckiger Belagerung und „mehreren
gelieferten Treffen" nieder. Die gedemüthigten Ritter Rembert (gest. 1281)
und Engelmar (gest. 1291) verschwinden nun aus der Geschichte, wie ihre

und erbaute das feste und stolze Schloß gleichen Namens. Um das Jahr 1163 schenkte er an Brixen die Besitzung „Pircha" und nennt sich in der Urkunde Senior de Schöneck. Ihm folgte sein Sohn Hugo, der dem Kapitel zu Brixen einen Hof zu Naubers auf Robaneck und einen zu Mühlbach, dem Stifte Neustift ein Gut in Schalders und eines in Vals (I. 138, 149, 152, 153, 155) schenkte, damit für ihn und seine Aeltern ein Jahrtag gehalten werde (III. 458, 571.) Er machte um das Jahr 1193 eine Wall- fahrt nach Jerusalem und überließ vor seiner Abreise dem Domka- pitel zu Brixen zwei Höfe in Pircha und Mühlbach als Eigenthum. Bald nach seiner Rückkehr erkrankte er und starb um das Jahr 1196 ohne Nachkommenschaft. Nach seiner letztwilligen Anordnung wurde seine Leiche nach Neustift geführt uud da begraben. Die Herrschaft Schöneck fiel nun seinem jüngern Bruder Arnold II. zu, der vor dem Antritte seiner Pilgerreise nach Rom an das Klo- ster Neustift ein Landgut in Hasenried schenkte (I. 172). Er starb um das Jahr 1221 kinderlos; denn jener Dominus Arnoldus Wür- sung, den manche Genealogen für seinen Sohn halten, war wohl der Sohn Mathildens seiner Gattin, aber aus ihrer ersten Ehe mit Heinrich Würsung von Mühlen in Taufers. (Sieh' dieses Ge- schlecht). Auf diese•Weise kam Schöneck an die Herren von Ro- bank und schon im Jahre 1227 erscheint in den Urkunden (I. 193, 196, 308. II. 341, 352, 377, 379, 406) Friedrich III. von Robank als Herr von Schöneck. Um das Jahr 1233 wurde er Marschall von Brixen und starb bald nachher. Von seiner Gemahlin, einer Tochter Eberhards von Säben,[14]) hatte er vier Kinder. Gottfried

---

stolzen Burgen, von denen man heute kaum noch spannenhohe Mauern ent- deckt. Dafür baute Bischof Bruno auf dem näher gegen Brixen gelegenen, durch die Ruhschitte (Spelucker Bach) von Voitsberg getrennten Hügel. das ansehnliche und umfangsreiche Schloß Salern, welches den Bischöfen lange zum Vergnügen und zum Schutze, später den Pflegern von Salern zur Wohnung diente, bis es im 17. Jahrhundert durch Alter und verheeren- den Brand zur Ruine wurde. Beiläufig 100 Jahre nach dem Sturze Rem- bert's erlosch das Geschlecht der Voitsberger mit Heinrich, der um das Jahr 1373 ohne Nachkommenschaft starb.

[14]) Auf dem rechten Ufer der Eisack, zwischen dieser und dem West- gebirge eingeengt, und im Süden vom Thinnerbache abgeschlossen, liegt das Städtchen Klausen, südwestlich 2½ Stunden von Brixen entfernt. Am nörd-

starb in der Blüthe seiner Jahre noch vor dem Vater, auf der Jagd verunglückt; Otto wählte den geistlichen Stand und wurde

lichen Ende des Städtchens leitet ein Weg anfangs in langer Windung nach Säben (Sabiona, Sabiana, Sebana, Sebona, Sepona) auf den gewaltigen Felsen, der sich unmittelbar hinter der Stadt ganz frei, 109 Klafter höher als die Straße erhebt und gegen diese eine höchst imposante, völlig senkrechte Stellung behauptet. Auf der obersten Felsenzinne steigt die Heilig Kreuz Kirche, der alte Bischofsdom, empor. Auf diesem schroffen, nur an der Mitternachtseite durch eine hohe Mauer und einen schmalen nur Schwindelfreien gangbaren Weg mit dem Weiler Pardell verbundenen Fel senkopfe stand schon in vorchristlicher Zeit die Veste Säben, in historischer Beziehung einer der merkwürdigsten Punkte unseres Vaterlandes; denn von hier aus wurde der Same des Christenthums in den Thälern und auf der Bergen unseres Vaterlandes ausgestreut. Ob schon der h. Cassian im 4. Jahrhundert hier seinen Sitz hatte, läßt sich nicht erweisen, wohl aber zeigt uns die Geschichte um das Ende des 6. Jahrhunderts den h. Ingenuin als wirklichen Bischof von Säben. Der h. Albuin übersetzte um das Jahr 992 den Bischofssitz von Säben nach Brixen. Dessen ungeachtet ward Säben noch immer der besondern Aufmerksamkeit der Bischöfe gewürdigt und die Bewachung ihres alten Sitzes tapfern Männern — Burggrafen genannt — anvertraut. Diese bauten sich auf dem niedrigen Vorsprunge des Säbener Berges, unmittelbar über der Stadt Klausen, eine eigene Burg — Branzoll, nannten sich aber nie von dieser, sondern immer von dem alten bischöflichen Sitze: „Edle von Säben." Ehrenvoll stehen die Männer dieses Geschlechtes in der Geschichte aufgezeichnet. Als Bischof Altwin, als treuer Freund Kaiser Heinrich IV., 1091 von dessen unversöhnlichem Feinde, dem baierischen Herzog Welf, dem Aeltern, in der St. Johanniskirche zu Brixen, wo das Afterkonzilium die Absetzung des Papstes Gregor VII. ausgesprochen, gefangen genommen worden, theilte auch Merboto, des Bischofs Burggraf von Säben, dasselbe Loos mit seinem Herrn. In Fesseln geschlagen war dieser — ein ehrwürdiger Greis — vor das Schloß Säben geführt und im Angesichte seines Sohnes Hartwig, der gegen alle Stürme seiner Feinde das Schloß tapfer vertheidigte, mit dem Tode bedroht, wofern er die Uebergabe noch länger verweigern würde. Der grausame Kunstgriff gelang; die kindliche Liebe siegte über den Muth des unerschrockenen Helden und Säben öffnete dem Herzog die Thore. Dieser Merboto wird von einigen als Stammvater der Edlen von Säben angegeben kann aber urkundlich nicht erwiesen werden; dies ist erst mit Rembert I. möglich, der sich durch die Gründung des Stiftes Neustift, wo er mit seiner Gemahlin Christina, die einem angesehenen Geschlechte in Baiern angehörte, seine letzte Ruhestätte 1155 fand. Die Veranlassung zu dieser Stiftung war folgende. Kaum war der selige Hartmann als Propst zu Klosterneuburg auf den bischöflichen Stuhl von Brixen berufen und um Weinachten des Jahres 1140 dort angekommen, war er schon zu Anfang des Jahres 1141 entschlossen, in der Nähe bei Brixen ein Kloster zu gründen, um in demselben Ordensbrüder nach der Regel des h. Augustin, wie er sie zu Klosterneuburg verlassen hatte, versammeln zu können. Er richtete sein Augenwerk auf

Propst zu Innichen; Raichza oder Rixa, welche dem Stifte Neustift eine Alpe in Kollfusk schenkte (I. 168), war in erster Ehe mit einem gewissen Altumus und in zweiter mit Gottschalk vom Berge

Rembert I., Burggraf von Säben, einen frommen und reichbegüterten Mann. Rembert hatte damals einen Sohn, Ulrich, zwei Jahre alt, und eine Tochter Gisela, welche 1139 sich mit dem mächtigen Ritter Heinrich von Garnstein vermählt hatte. Anfangs ließ sich Rembert nur herbei, ein kleines Spital zu bauen; als aber am 29. August 1141 sein Sohn Ulrich gestorben, war er geneigter für die frommen Wünsche seines Oberhirten und erklärte sich im Einverständnisse mit seiner Gattin bereit, das von Bischof Hartmann beantragte Kloster zu bauen. Der Platz zu diesem Baue wurde eine halbe Stunde nordöstlich von Brixen ausgewählt an der Stelle, wo der Eisack-Fluß in zwei Arme getheilt eine Insel bildete und diese vom innersten Thalwinkel trennte, auf dem ein dichter Wald ein kleines Kirchlein zum h. Viktor barg. Da wurde 1141 der Bau begonnen und im folgenden Jahre am Sonntage vor dem Fest Allerheiligen die Einweihung des Gotteshauses gefeiert. Zwanzig Jahre nach dem Tode Remberts I, des Gründers von Neustift, theilten sich die Edlen von Säben 1175 durch die Brüder Burghard II. und Eberhard I. in zwei Hauptlinien, wovon erstere im Besitze von Branzoll geblieben, letztere sich das Schloß Stettenecke in Gröden baute und da sich ansäßig machte. Dieses Schloß lag bei St. Ulrich auf einem anmuthigen Hügel und soll von Gebhard II. erbaut worden sein, dessen Sohn Jakob zur Lösung eines Gelübdes die St. Jakobskirche baute. Adelheid, die einzige Tochter Gebhard II. verehelichte sich mit Rembert IV. von Säben und so kam Stettenecke an die andere Säbner'sche Linie, die nach dem kinderlosen Tode (1312) Jakobs auch das Wappen der Stettenecker annahm. Dieser Rembert IV. war ein mächtiger und reichbegüterter Mann, der dem Bischof von Brixen öfters aus Geldverlegenheiten half. Er besaß nebst Branzoll und Stettenecke auch in Brixen das Säbner Thor — gegenwärtig das v. Lachmüller'sche Haus — ein Gebäude damals von sehr großem Umfange. Durch seine Söhne theilte sich sein Geschlecht wieder in zwei Linien. Gebhard IV. war mit Guta, der Erbin von Velturns vermählt und wurde Stifter der Säbner zu Velturns; Reimbert V. wurde durch seine Gemahlin Agnes, der einzigen Tochter Ludwigs von Reifenstein Herr dieses Gebietes und wurde der Stammvater der Säbner zu Reifenstein. Oswald von Säben zu Reifenstein, Ritter, erzherzoglicher Kammermeister, Landeshauptmann in Tirol und Erbtruchseß des Bisthums Brixen starb als der Letzte des Geschlechtes der Edlen von Säben im Jahre 1465 und liegt in Neustift unter einem sehr schönen Grabsteine begraben. Im Jahre 1422 wurde er verlobt mit Anna, Tochter des Franz von Greifenstein, mit der Bedingung, daß die Ehe nach sieben Jahren geschlossen werden sollte, was aber aus uns unbekannten Ursachen nicht geschah. Er vermählte sich dann mit Gertraud, einer Tochter des Hans von Hohenembs und nach ihrem Tode mit einer von Pappenheim; hinterließ aber aus beiden Ehen keine Kinder. Im Jahre 1470 schenkte Herzog Sigmund die ihm durch den kinderlosen Tod Oswald's von Säben zu Reifenstein zugefallene Veste Reifenstein und Welfenstein mit den dazu vermählt [15]). Mathilde war von ihrem Vater dem Witmar von Matrei zur Ehe gegeben. So ging nun Schöneck um das Jahr 1234 auf Arnold IV. von Robank, der Jüngere genannt, über, der ein Bruder Friedrich III. war. Arnold IV. war auf diese Weise ein überaus mächtiger und reicher Mann, der sich besonders um das Stift Neustift sehr verdient machte, dadurch, daß er demselben den ihm gehörigen Bezirk Ras schenkte, wodurch der Grund zum nach- herigen Hofgericht Neustift gelegt wurde. Er schloß mit Bischof Bruno von Brixen Friede, der aber nicht lange dauerte; denn sein Sohn Friedrich IV. aus der zweiten Ehe mit Agnes von Velturns [16])

---

[15] gehörigen Gütern dem deutschen Ordenshaus in Sterzing mit der Bedin- gung, daß in allen Häusern dieses Ordens in Tirol ein Jahrtag für ihn ge- halten werden soll.

[15] Auf dem südöstlich von Brixen gelegenen ziemlich hohen Mittel- gebirge, welches von seiner uralten Pfarrkirche, dem h. Apostel Andreas ge- weiht, der St. Andrä-Berg genannt wird, lebte schon in den ältesten Zeiten ein edles brixner'sches Ministerialgeschlecht, welches sich ursprünglich nur „de Monte — von dem Berge" — genannt; dann aber später auch den Titel „von Milun, Carnol, Cleran, Monstrol, Rifnol und Niuwenberg" (alles kleine Ortschaften auf dem Berge von St. Andrä) geführt hat. Ca- dalhochus, ein edler brixner'scher Ministerial, erscheint schon um das Jahr 1127 als der Stammvater dieses Geschlechtes, welches sich durch seine vier Söhne in eben so viele Linien theilte. Cadalhochus de Monte (I. 41), der älteste Sohn, war der Stammvater jener Edlen, welche sich Tabernae de Monte oder Lithuse, Leutgäbe (Gastwirth — tabernarius) nannten. Sie hatten laut einer Urkunde vom Jahre 1242 ihren Sitz nahe an der Pfarr- kirche und mögen wohl den Zunamen tabernae oder Lithuse darum erhalten haben, weil sie etwa ihre Zinsweine ausschenkten oder sonst eine Wirthschaft führten. Heinrich „Leutgäb ob dem Berge" kommt im Jahre 1334 das letzte Mal zum Vorschein und starb bald nachher als der Letzte dieser Linie. Wernher ob dem Berge (I. 6, 243) gründete jene Linie, welche den Namen Bing oder Pinge annahm und um das Jahr 1393 mit Heinrich erlosch. Megenhard ob dem Berge (I. 5, 29, 31, 36, 52, 94, 101) ist der Stamm- vater jener Linie, welche den ursprünglichen Geschlechtsnamen „de monte — ob dem Berge" ohne Abänderung immer beibehalten und auch am längsten geblüht hat; denn noch im Jahre 1467 erscheint Andrä, „des Wittichen Sun ob dem Berge" — als Bürger von Brixen, dessen Tochter Christina die Letzte dieser Linie war. Ottacher ob dem Berge (I. 5, 15, 55, 72, 92, 108, 137) baute zu Niederkarnol das Schloß Niuwenburg, von dem er und seine Nachkommen, deren letzte Agnes als Gattin des Heinrich Ping 1393 starb, den Namen „Niuwenburger" annahmen.

[16] Die Gemeinde Velturns hat ihr Gebiet zur rechten Seite der Eisack, von der Poststraße am Ziggelgraben über das Mittelgebirge bis an die nördliche Hochgebirgsgränze ausgedehnt. Am nordwestlichen Ende des

zeigte sich in allem als der bitterste Feind der Kirche von Brixen, obgleich er gegen Neustift sehr wohlthätig und gut gesinnt war. Im

Dorfes erhebt sich das Schloß Velturns, welches wahrscheinlich von Wilhelm I. von Velturns, der in den Urkunden des Klosters Georgenberg v. J. 1128, 1130, in brixner'schen und neustiftischen (I, 14, 31, 33, 55, 102) v. J. 1143 — 1175 vorkommt, erbaut worden ist. Nebst dieser Stammburg besaßen die Herren von Velturns auch das Schloß Vidrol in Villnös, welches Hugo von Velturns mit dem Edlen von Theis baute. Auch das Schloß Reineck in Sarnthal — schlechtweg castrum in Sarnthal genannt — hatten die Herren von Velturns inne, deren Stammvater, obiger Wilhelm, mit einer Schwester Wilhelm's von Schlitters vermählt war. Durch seine zwei Söhne Wilhelm II., der an Neustift ein Landgut in Tulfes schenkt (I. 141, 227) und Eberhard theilte sich das Geschlecht in zwei Linien, wovon die eine den alten Familiennamen unverändert beibehielt, die andern aber sich „von Velturns zu Pedraß" — nannte. Wilhelm II. wurde von seinem Sohne Wilhelm III., einem rohen und zügellosen Ritter, mit Spott und Schande von Haus und Hof verjagt, so daß er von allem entblößt im Spitale zu Brixen um Unterkunft bitten mußte, wo er auch einige Zeit verpflegt wurde. Aus Dankbarkeit für diese Wohlthat, wie er selbst sagt, schenkte er diesem Spitale einen Weinberg zu Schrambach in dem Orte Reinzenstein. Kaum aber erfuhr dieses der undankbare Sohn, so riß er aus Haß gegen den Vater den Weinberg mit Gewalt an sich und gab ihn Rudolf von Schrambach zu Lehen. Erst auf dem Todbette kam Wilhem III. die späte Reue und mit bittern Thränen über diese und andere Ungerechtigkeiten, verlangte er in Gegenwart des Bruders Friedrich, Meisters des Spitals zu „Lengenmoos," der sein Beichtvater war, des Herrn Gerold, Pfarrers zu Velturns und anderer Edelleute, daß der Weinberg dem Spital zu Brixen zugestellt werden sollte. Nachdem aber Wilhem III. 1241 gestorben war und dessen Söhne (I. 195), Ulrich I. (III. 599), und Arnold II. (I. 179, 195. II. 388) nicht daran dachten, den letzten Willen ihres Vaters zu erfüllen, eilte Herr Sifrid, Verwalter des Spitals zu Brixen nach Neustift, wo sich gerade dazumal Albert, Graf zu Tirol befand. Nachdem dieser die Sachlage vernommen, entschied er folgendermaßen: Wir aber, weil wir in dem Bisthum und der Grafschaft Brixen das Recht der Schirmvogtei behaupten, wollen dem angezeigten Spital kein Unrecht zufügen lassen und verordnen daher nach dem Ausspruch weiser und edler Männer, daß derselbe Weinberg dem Spital wieder zukomme und befehlen unsern Marschall Heinrich von Eusedun, daß er Sifrid, dem Spitalverwalter den Besitz davon ertheile. Dessen sind Zeugen: Herr Heinrich. Propst in Neustift; mehrere Chorherren und Edelleute. (Geschehen zur Neustift 1242. Ex Archivo Semin. brix.) Edler handelte Sigila, Tochter Ulrich I. an ihrem Bruder Ulrich II. Er war vermählt mit Maza, einer Tochter Otto's von Wehrburg und gerieth nach dem Tode seiner Gattin (1300) in eine solche Noth und Armuth, daß seine Schwester, in erster Ehe Gattin des Bertold von Tarant in zweiter mit Conrad von Auer vermählt, für ihn eine Pfründe in Neustift stiftete. Der Stiftbrief lautet: Ich Sigila, weiland Herrn Ulrichs von Velturns Tochter, versehe, daß ich nach Neustift geben han drei Höfe als Rathlank zu

Jahre 1256 leiftete er mit feinem Vater Arnold. der vier Jahre fpäter ftarb, dem Bifchof Bruno auf dem Domchor in Gegenwart

Nauders, den andern zu Velturns bei St. Lorenzen Kirche und den dritten auf dem Ritten unter der Bruck unter dem Steine; darum follen fie meinen Bruder Ulrich eine Pfründe geben mit Koft und Gewand bis auf feinen Tod: als zu Oftern ein parchet Rock und von blauem Tuch einen Rock und zu Winter einen fchafbraunen mit Pelz unterzogen und alle Jahr Leinengewand und Schuhe und Hofen, der er bedarf. Item Brot, Wein und Kuchen-Speife als man fie einem Priefter geit und foll man ihm auch eine Richte mehr geben, fo er fie bedarf. Er foll auch an des Propft Tifch fitzen und da effen; und nach meinem Tod foll man mir da halten einen Jahrtag. Darum ich mit meines Bruders Ulrich Infigel den Brief befeftet und mir mein lieber Oheim Haug von Velturns und Heinrich und Ekhard, Brüder von Garnftein 1306. Vier und dreißig Jahre nach diefer Stiftung erlofch diefe Linie mit Gutta, einer Tochter Heinrichs von Velturns, die mit Gebhard von Säben vermählt war, der dadurch die Herrfchaft Velturns erbte, wo er im Jahre 1342 als Richter erfcheint. — Die andere von Eberhard gegründete Linie erfchwang fich nie zu folchem Anfehen, wie die von Velturns und wechfelte öfters ihre Befitzungen; fo finden wir einen Heinrich von Velturns zu Pedraz 1329 als Bürger von Bruneck, Conrad 1337 als Befitzer von Kulln auf Velturns, Simon 1348 als Inhaber des Meierhofs zu Tils, Oswald 1370 als Meier zu Albeins, der im Jahre 1418 diefes Anwefen feinem Bruder Nikolaus verkaufte, der um das Jahr 1426 als der Letzte diefes Gefchlechtes kinderlos ftarb. Die Herren von Velturns waren mächtige Minifterialen der Kirche von Brixen, mit der fie bald im guten Einvernehmen, bald in blutiger Fehde lebten. Befonders war Bifchof Bruno bemüht, diefes mächtige Dynaftengefchlecht fo feft als möglich mit fich zu verbinden. Auf feinen Rath und feine Verwendung heirathete Bruno, Graf von Kirchberg, ein Sohn Eberhards, der ein Bruder des Bifchofes Bruno war, die einzige Tochter Hugo's von Velturns, Sophia mit Namen. Doch fehr bald trennte der Tod, der den Gemahl in der Blüthe feiner Jahre dahinraffte, das junge Ehepar, ehevor Sophie ihre beftimmte Morgengabe erhalten hatte. Diefe beftand in brixner'fchen Lehengütern, die vom Fuße des Berges Ritten, von Saubach bis Lengmos gelegen waren. Weil aber Bruno fürchtete, feine Nachfolger möchten eine Veräußerung von fo bedeutenden Stiftsgütern, die im Werthe 300 Mark betrugen, nicht gut heißen, fo bat er in einer ausgefertigten Urkunde alle künftigen Bifchöfe recht dringend, daß fie diefe Verfügung ja nie anfechten und etwa von Hugo oder feiner Tochter die Rückftellung der verliehenen Befitzungen fordern möchten. Diefes habe, fagt Bruno, Hugo von dem Stifte Brixen für die demfelben geleifteten fehr wichtigen Dienfte mit vollem Rechte fordern können. Man wiffe ja, daß er das Schloß Säben lange ritterlich befchützt, und da es zur Zeit der größten Unruhe und Verwirrung an die Feinde übergegangen, wieder erobert und nach neuerlich angebrachter Befeftigung in feine Obhut genommen und der Kirche wieder im guten Zuftande überantwortet habe. Bei diefer Gelegenheit habe derfelbe fein Vermögen, feine Unterthanen, ja felbft

eines zahlreichen Adels den Vasallen-Eid und im Jahre 1269 übergab er das Schloß Robank mit der Haslacher Klause, als wäre
es sein Eigenthum, gegen alles Recht den Brüdern Meinhard und
Albert, Grafen von Görz und Tirol, und empfing, nachdem er in
ihre Hände den Vasallen-Eid abgelegt hatte, dasselbe wieder von
ihnen zu Lehen. Er starb 1302 ohne Kinder, obgleich er zwei
Gattinnen hatte, Elisabeth von Freundsberg und Adelheid von
Reifenstein.

Arnold V., der jüngere Bruder Friedrichs, erhielt bei der Theilung des väterlichen Erbes die Herrschaft Schöneck, Buchenstein und
Thurm an der Gaber und nannte sich seitdem wie seine Nach-

---

seine Person zur Sicherheit des Gotteshauses so biedermännig preisgegeben,
daß er augenscheinlich 200 Mark daran verwendet habe. Gegeben im Schlosse
Säben am 23. Juni 1263. (Roßbichler Geschichte der Bischöfe von Brixen
III. Bd. p. 171 M. S.) Nicht in so gutem Einvernehmen lebte Hugo II.
von Velturns mit dem Bischofe Johannes Wulfing von Brixen. Dieser
hatte am 3. April 1316 in dem Baumgarten seiner bischöflichen Burg eine
Zusammenkunft der geistlichen und weltlichen Stände des brixner'schen Hochstiftes veranstaltet, um die Rechte seiner Kirche zu erfahren. Obwohl nun
bei dieser Zusammenkunft auch Hugo II. von Velturns mit seinen Söhnen
Arnold IV. und Heinrich erschien und dem Bischofe seine Ergebenheit bezeigt
hatte, so beschimpfte er dennoch bald darauf den Bischof sammt seinem Gefolge, als dieser von Brixen nach Klausen ritt. Reinhard von Tschötsch
zeigte sich bei dieser Gelegenheit als einen treuen Vasallen des Bischofes
und bestand deswegen manche Fehde mit Hugo von Velturns. Um diese
langwierigen Zwistigkeiten beizulegen, wurde König Heinrich als Schieds-
richter und Vermittler erwählt, der am 2. August 1316 zu Innsbruck den
Ausspruch that: Der Bischof soll dem Hugo, allen seinen Freunden und
Helfern aufrichtig verzeihen, aber auch Hugo soll künftig dem Bischof und
seinen Gütern und Leuten, besonders dem Reinhard von Tschötsch keinen
Schaden zufügen. Hierüber sollen mit Hugo vier Freunde desselben, nämlich Peter und Jakob Trautson, Seifried von Rottenburg und Reimprecht
der Säbener schwören, daß sie alle ihren Fleiß anwenden wollen, um den
Hugo von Velturns zur Vollziehung seines Versprechens anzuhalten. Zur
fernern Strafe sollen Hugo und seine Söhne Arnold und Heinrich das
Bisthum Brixen und Trient ganz, das Bisthum Chur aber, so weit es sich
nach Tirol herein erstreckt, auf zwei Jahre verlassen, wenn es ihnen der
Bischof nicht zur sonderbaren Gnade erlaubt, früher in dasselbe zurückzu-
kehren. Zur Untersuchung ob und wie diese Artikel vollzogen werden, stellt
der König drei Männer auf, nämlich den Abt von Wilten, Wernher von
Tablat und Heinrich von Lengenstein. (Resch ex Autogr. in Arch. aulico
brix). —

kommenschaft immer: „von Schöneck." — Mit Agnes von Völs [17]) vermählt hinterließ er bei seinem Tode 1278 neun Kinder, von

---

[17]) Völs 2½ Stunden südwestlich von Kastellrut gelegen wird schon im Jahre 888 nach Christo in einer brixner'schen Urkunde erwähnt, in welcher Arnulf, König der Deutschen, dem Edelmanne Engilger, einem Krieger des Grafen Jezo acht Huben und zwanzig Leibeigene an dem Orte Felis zwischen dem Gebirgslande und den Alpen von Italien für die treu geleisteten Dienste als freies Eigenthum übergibt (Resch aetas millenaria eccl. agunt p. 37, 38). Hier saßen die Edlen von Völs, ein mächtiges Dynastengeschlecht in unserm Vaterlande, das sich besonders durch seine Wohlthätigkeit gegen die Kirche von Brixen und Neustift unvergeßlich machte. Die Stammburg dieses Geschlechtes war das Schloß Völs, von dem nur mehr sparsame Ruinen ober dem Mioler Hofe übrig sind. Der Stammvater dieser mächtigen Edlen war ohne Zweifel Werinher, der mit seinem Bruder Pankraz, Domherr von Brixen, um das Jahr 1120 — 1125 in brixner'schen Urkunden vorkommt. Seine drei Söhne sind große Wohlthäter des Stiftes Neustift; so schenkte Werinher dem Kloster ein Landgut in Buren (St. Sigmund) und Stegen (1. 4. 31. 87); einen Hof in Katernat, einen Weinberg in Campill und eine Schafalpe in Gröden (I. 16, 55, 98, 104); Reginhard eine ansehnliche Besitzung in Kardaun (I. 55, 104), dessen Sohn Heinrich den Kaiser Friedrich auf seinem Kreuzzuge begleitete und „inter procellas maris dum testamentum conderet" dem Kloster ein Gut auf Summer überließ. (I. 159). Reginbert IV. von Völs war mit Mathilde, der einzigen Tochter des Heinrich von Steineck vermählt und erbte vermög des Heirathvertrages die Herrschaft Steineck. Auch das Schloß Prößels, unfern von dem Dorfe gleichen Namens — jetzt nur mehr Ruine, ein großartiges Grabmonument untergegangener Herrlichkeit, war Eigenthum der Herren von Völs ; denn 1450 wurde es nach dem Erlöschen der Edlen Pranger von Völs von Erzherzog Sigmund dem Kaspar von Völs verliehen. Sein Sohn Leonhard, Herr von Völs, Pfandinhaber der Herrschaft Enn und Salurn, war Feldoberster und Landeshauptmann zur Zeit des Krieges mit Graubündten und den Schweizern. Bald nach dem Tode des Erzherzog Sigmund wollte Kaiser Maximilian den Vertrag mit den Eidgenossen erneuern, welchen jener mit diesen geschlossen hatte. Da aber die Eidgenossen, durch französisches Geld geblendet, dieses nicht thun wollten und sich bereits rüsteten, kam noch eine Zwist wegen des Frauenklosters in Münster dazu, über welches, sowie über einen Theil von Engadein, die mit den Eidgenossen verbündeten Graubündtner das Vogteirecht ansprachen. So rüsteten sich nun auch die Engadeiner zum Widerstande, so wie sich die Eidgenossen gegen Vorarlberg schlagfertig machten. Die Tiroler verschanzten zwar den Eingang in das Tauferer Thal bei Laatsch, damit die Feinde nicht weiter nach Glurns vordringen könnten; allein diese schickten eine Abtheilung über unbewachte Alpen in das Schtinigthal, welche den Tirolern in den Rücken kam, während am Mittwoch nach Pfingsten (22. Mai) die feindliche Hauptmacht die Unsrigen bei der Schanze der sogenannten Calvenwiese mit solch rasender Wuth angriff, daß 1000 nach andern gar 4000

denen der älteste Arnold VI. im Jahre 1310 starb und nur eine Tochter Utaja hatte. Mehrere traten in den geistlichen Stand, so daß für uns nur Friederich V., Reimbert und Wilhelm, als Erben der väterlichen Herrschaften merkwürdig sind. Im Jahre 1280 theilten sie das väterliche Erbe in folgender Weise: Friedrich erhielt das Schloß Schöneck sammt dem Gerichte zur weißen Kirche, das am Bachufer zu Peurn (St. Sigmund) anfängt und sich über Ainet, Terrenten, Weitenthal und Pfunders erstreckte. Reimbert bekam das Schloß und Gericht Buchenstein, Wilhelm das Schloß und Gericht Thurm an der Gader. Wie die Väter, so theilten auch die Söhne die Besitzungen derselben. Conrad und Arnold VII., Söhne Friedrichs V. theilten das Schloß und Gericht Schöneck miteinander; jedoch hat das Hochstift Brixen, Untervintl, Weitenthal und Pfunders schon früher eingelöst, so daß das Gericht Schöneck nur mehr einen kleinen Bezirk umfaßte. Konrad der Besitzer des halben Schlosses Schöneck starb 1346 und hinterließ von seiner Gemahlin Elisabeth von Mitterburg nur einen Sohn Friederich VI., der obgleich zweimal vermählt, das erstemal mit Adelheid von Villanders [18]), das zweitemal mit Clara von Garn-

---

tapfere Tiroler erschlagen wurden. Obgleich Leonhard von Völs bei diesem mörderischen Treffen nicht zugegen war, sondern sich damals in Brixen befand, wurde dennoch sein Enkel Johann Jakob, als kaiserlicher Rath und Landeshauptmann 1546 in den Freiherrenstand erhoben und wählte als Prädikat den Beinamen „Colonna." — Dazu mag die nächste Veranlassung der Umstand dargeboten haben, daß der bekannte römische Admiral Marcus Colonna dem Feldobersten und Landeshauptmann in Tirol Leonard von Völs einen Filiationsbrief gegeben mit der Erlaubniß, der Colonneser Namen und Wappen zu führen, wovon sie auch Gebrauch machten, indem sie sehr oft dieses statt ihres Familienwappens führten, welches nicht immer dasselbe war. Im Jahre 1266 sigelten die Brüder Heinrich und Arnold von Völs mit einem Löwen in einer horizontalen Binde, das älteste Wappen, das mir von dieser Familie zu Gesicht gekommen. Im Jahre 1291 führten die nämlichen Brüder statt des Löwen die Rose in ihrem Wappen; mit der Rose sigelte noch 1320 Volkmar, der Stammvater der jüngern Linie von Völs, 1345 kommt aber schon das Kreuz in der Binde als Sigel vor, das die Edlen von Völs bis zu ihrem Erlöschen beibehielten. Felix Colonna, Freiherr von Völs und Prößels starb als der Letzte dieses uralten Geschlechtes 1804. Gegenwärtig besitzt diese Burg Franz Edler von Kofler, Präses der Handelskammer in Bozen, der eben so umfassende als geschmackvolle Restaurationsbauten an dieser altehrwürdigen Veste ausführt.

[18]) Auf dem südwestlich von Latzfons und westlich vom Städtchen

Klauſen gelegenen Berge breitet ſich die Gemeinde Villanders aus. Hier
ſaßen ſchon in den älteſten Zeiten die Edlen von Villanders, welche ſich in
der Folge in drei Linien theilten. 1. Die von Villanders ſchlechtweg; 2. die
von Villanders zu Doß, genannt die Flaſchen; 3. die von Villanders zu Pardell, von welchen die Grafen von Wolkenſtein abſtammen. Nach Brandis
und Burglechner haben die Edlen von Villanders ſchon um das Jahr 650 über
den gleichnamigen Bezirk geherrſcht; doch eine ſolche Behauptung läßt ſich
durchaus nicht beweiſen, weil Urkunden hierüber gänzlich fehlen. Es ſoll zwar
ſchon ein Cuno von Villanders bei der Stiftung des Kloſters Sonnenburg
1018 gegenwärtig geweſen ſein, auch erſcheinen im Jahre 1145 Aschuin de
Villanders und ſeine Gemahlin Richmut und neben dieſen der Bruder Regin-
wert; ebenſo 1152 und 1160 Marquardus de Villanders et convicinus ejus
Martinus de Villanders (I. 65, 80), wie auch Heinricus de Villanders im
Jahre 1150. Doch von allen dieſen können wir keinen als den Stammvater
dieſes edlen Geſchlechtes mit Gewißheit nennen, das iſt uns erſt mit Egkhard
möglich, der in brixner'ſchen Urkunden vom Jahre 1176, 1181, 1183 erſcheint.
Sein Sohn Heinrich (I. 44, 180) ſcheint das Stammſchloß erbaut oder den
frühern Anſitz bedeutend erweitert zu haben; doch wiſſen wir nicht, wo die
Veſte auf Villanders geſtanden ſei, da weder altes Mauerwerk, noch Urkunden
ja nicht einmal die Sage die leiſeſte Andeutung hievon gibt. Im 13. und 14.
Jahrhundert erſchwangen ſich die Edlen von Villanders zu hoher Macht und
großem Anſehen und übten einen entſchiedenen Einfluß ſelbſt auf die Lan-
desregierung. Dieſes war vorzüglich der Fall, als Margareth Maultaſch nach
Verſtoßung ihres erſten Gemahls, Johann Heinrich von Böhmen, ſich mit Ludwig, Markgraf zu Brandenburg, einem Sohne Kaiſer Ludwig des Baiern,
ehelich verbunden hatte. Wenn auch der Kaiſer und ſein Sohn von der Treue
des tiroliſchen Adels verſichert zu ſein glaubten, ſo konnten ſie dennoch nicht
hindern, daß ſich mehrere Edle des Landes auf die Seite des vertriebenen
Landesfürſten Johann Heinrich von Böhmen ſchlugen, wozu ſie wohl der Um-
ſtand bewogen haben mag, daß der Papſt dieſe Verbindung Margareths mit
Ludwig mißbilligte und daß zudem ſo viele Ausländer zu den wichtigſten
Aemtern befördert wurden, während die Einheimiſchen mit argwöhniſcher
Strenge behandelt wurden. Schon im erſten Regierungsjahre Ludwigs entſtanden Mißhelligkeiten und da Ekkehard von Villanders (II. 349) an der
Spitze der Mißvergnügten ſtand, ſo wurde das kaiſerliche Handſchreiben, indem
Kaiſer Ludwig den Adel von Tirol ſehr milde und gnädig behandelt, vorzugs-
weiſe an ihn gerichtet. (Reſch ex Apographo). Dieſer Friede dauerte nur
drei Jahre; denn Karl IV. von Böhmen und Luxenburg, nach dem Tode Ludwigs (11. Oktober 1347) zum deutſchen Kaiſer erwählt, wußte es dahin zu
bringen, daß gerade im Jahre 1347, in welchem er die Eröffnung des Krieges
in Tirol beabſichtigte, in der Mark Brandenburg ein Mann auftrat, welcher
ſich für den (verſtorbenen) Fürſten Waldemar aus dem frühern Herrſcherhauſe
Askanien ausgab und ſo großen Anhang gewann, daß der Markgraf Ludwig
Tirol verlaſſen mußte. Ueberdies wurde nach dem Tode des Kaiſers die

hatte von seiner Gattin Agnes von St. Lamprechtsburg zwar einen Sohn Erhard; allein dieser starb schon vor dem Vater, der um

baierische Macht schon dadurch geschwächt, daß mit seinem Nachlasse sechs Prinzen zu befriedigen waren. Nicht minder bedenklich gestalteten sich die Dinge im Innern des Landes Tirol. Schon Papst Benedikt XII., als er die eigenmächtige Ehetrennung Margarethas erfahren hatte, belegte sie und ihren zweiten Gemahl mit dem Banne und ganz Tirol mit dem Interdikt. Nach seinem Tode setzte sein Nachfolger Clemens VI. das strenge Verfahren fort und wiederholte am 13. April 1346 unter den fürchterlichsten Ausdrücken den Kirchenbann, (Sinnacher V. Bd.) Um dieselbe Zeit schreckten außer= ordentliche Naturereignisse die Völker und versetzten sie in eine fieberhafte Aufregung, welche die gräßlichsten Folgen nach sich zog Ein Erdbeben von unerhörter Stärke verwüstete Griechenland, Italien und die Alpenländer bis nach Basel. Berge stürzten ein, die Luft wurde übelriechend und betäubend; der Wein in den Fässern trübte sich, feurige Meteore leuchteten am Himmel; eine große Flammensäule sah man gerade ober dem päpstlichen Palaste zu Avignon. Solche Schrecknisse wurden auf die verschiedenste Weise gedeutet. Tirol wurde hievon nicht verschont; eine alte Chronik erzählt hievon Folgen= des: „Am Freitag, 27. Jänner 1344 um Vesperzeit, war allenthalben ein Erdbeben, so groß, daß es Berg und Thal übereinander warf, das wunder= barlichste Ding, was je ein Mensch erhört hat; sonderlich warf es Villach in Kärnten zu Haufen, und die Ringmauer, und die Kirche und alles Gemäuer fiel darnieder, und 500 Menschen darin und sonderlich ein Haufen Volk von Frauen zu den Barfüßern bei einer Predigt. Und dasselbe Erdbeben warf bei Villach einen Berg darnieder, der fiel in ein Wasser, heißt Geil, und schwellt es, daß es hinter sich aufging und ertränkte Häuser und Dörfer, Güter und Leute, und das Volk floh mit Leib und Gut an das Ge= birg. Dasselbe Erdbeben zerschmetterte zu Bozen 10 Häuser und der Thurm in der Wangergasse zerklob sich an zwei Orten, von oberst herab bis in den Grund eine gute Elle weit von einander, also, daß man gar leichtlichen da= durch wäre gegangen. Das sah Jedermann, und nach dem Erdbeben ging der Thurm wieder zusammen, daß man kaum zween Finger in die Kluft hätte legen mögen. Bald nach diesem Erdbeben, welches in Steiermark, Krain und Tirol bei 40 Burgen zerstörte, kam eine fürchterliche Krankheit, der schwarze Tod genannt, weil es die Menschen mit schwarzen Blattern überzog. In Ba= sel starben in kurzer Zeit 12,000, in Erfurt und Straßburg 16,000; nach der allgemeinen Schätzung raffte sie den dritten Theil der damals lebenden Men= schen weg (Joh Müller III S. 158). Hierüber bringt die Tiroler Chronik nachstehende Daten (Ferd. Zeitschr. I. 132): Nach solchem Erdbeben kam 1348 ein Brief über das Meer aus der Heidenschaft einem Herrn von Padua, der hieß Jakob von Carara und des Briefes Abschrift las ich und stunde also: Daß es in Persien Würmer geregnet hätte, die thaten großen Schaden an Gut und an Leuten, und es regnete auch Blut und Feuer, und das Feuer ver= brannte ganze Berge gleich eben, und wer dasselbe Feuer und den Rauch davon ersahe, der starb und der, mit dem er redete, mußte ebensogleich ster= ben. Nun waren nach Persien vier Galeeren ankommen von Genua, die

1343 zu Grabe ging. Nach Wilhelms kinderlosem Tode 1298 fielen seine Besitzungen, nämlich das Schloß und Gericht an der Ga-

---

fingen auch an zu sterben gar fast von wegen der Heiden, die mit ihnen redeten und das Feuer vom Himmel fallen sahen. Da das die von Genua ver-
nahmen, da förderten sie sich vom Lande, so gut sie mochten und kauften, was
sie zu kaufen hatten und führten das mit ihnen von dannen, und wo sie hinkamen,
auch mit wem sie redeten oder wem sie von ihrem Gute gaben, die starben
und zwar alle aufs längste am dritten Tage. Goswin von Marienberg setzt
noch bei: Kaum der sechste Theil der Bewohner unserer Thäler blieb übrig.
Sie raffte auch alle unsere Brüder (im Kloster) fort, bis auf Wyso den Abt,
Rudolph einen Priester und den Bruder Goswin und einen Laienbruder. Im
Wippthale blieb nach einer Aufzeichnung in unserm neustiftischen Archive nur
der dritte Theil der Bewohner am Leben. Aber noch viel grauenhaftere Erscheinungen erwuchsen aus dem Wahne damaliger Zeit. Als der Tod immer
mehr und mehr um sich griff, so daß nach und nach ganze Städte entvölkert
wurden, viele Erbschaften ohne Anspruch blieben und weder die Priester zur
Herumtragung der Sakramente, noch die Todtengräber zum letzten Dienste
und die geweihte Erde der Gottesäcker zureichte, (Joh. Müller) ergriff die
Menschen eine namenlose Verzweiflung und die verschiedenartigsten Wege
wurden eingeschlagen, um Leib und Seele zu retten. Es war, als ob die Erde
in ein Tollhaus verwandelt worden wäre, wo die wüthendste Starrheit und
Tobsucht, ihrer Ketten ledig, sich mit den seltsamsten Verzerrungen und ohne
wechselseitiges Verständniß anstarrten, während abseits von ihnen der stille
Wahnsinn, von der Gluth einer unrettbar quälenden Idee verzehrt, sich lang-
sam aufrieb. Es war, als ob die Menschen, jeder Hoffnung beraubt, gänzlich
jene wohlthätige Maske abgelegt hätten, welche die Civilisation oder die Er-
kenntniß des eigenen Vortheiles ihnen gibt. Die so entzügelten Leidenschaften
zeigten der Welt ein wundersames Schauspiel. Viele lebten, als ob sie in der
Ungewißheit ihrer Stunde den Becher der Lebenswollust noch ganz ausleeren
wollten, um den Tag darauf jene zu begraben, welche den Genuß mit ihnen
getheilt hatten. Die meisten thaten dieses auf die kraßeste Art, läugneten
Gott, verfluchten ihr Dasein und begruben sich im Schlamme irdischer Freuden.
Wieder andere glaubten durch Andacht und Kasteiungen Gottes Zorn zu mil-
dern und ihr Leben zu retten. So entstanden die Geißler oder Flagellanten.
Schaarenweise zogen sie sich in den Städten der Schweiz, Schwaben und
Baiern zusammen und kasteiten sich wechselweise auf den Friedhöfen. Sie
ordneten sich dann in einzelne Haufen unter einem „Vater" und sobald es
dämmerte, zogen sie unter Vortragung eines prächtigen Baldachins, mit Lich-
tern, unter dem Geläute aller Glocken, in die Straßen der Städte warfen sich
kreuzweise auf die Knie und geißelten sich bis das Blut von ihren Leibern
floß und je grausamer die Kasteiung wirkte, um so mehr jubelten sie und prie-
sen Gott. Diese Zeit der Verwirrung in religiöser und politischer Beziehung
schien nun dem Kaiser Karl IV. die geeignetste für seine Unternehmung gegen Tirol, für welches er so vieles geopfert hatte. Als Kaufmann verkleidet,
kam er mit wenig Vertrauten, mitten durch Feindesland, durch Baiern und
Nordtirol, nach Trient. Seine Parthei war sehr stark; ihn unterstützten nicht

ber, den Söhnen seines Bruders Reimbert, Nikolaus und Paul zu, so daß sie beide Herrschaften Buchenstein und Thurm an der Gader

nur die Mißvergnügten vom tirolischen Adel, auf seiner Seite waren auch die Bischöfe Nikolaus von Trient und Ulrich in Chur, ferner Lucchino Visconti, Herr von Mailand, und die Carrara, Herren von Padua. Die Grafen von Görz hatte er durch das Versprechen, ihnen Tirol abzutreten, gewonnen. Auf diese Art bemächtigte er sich leicht ganz Südtirols und brachte auch Feltre und Belluno wieder in seine Gewalt. Hiebei waren ihm die Herren von Villanders und besonders deren Haupt Engelmar, ein Sohn Ekkehard's, behilflich. Im Mai drangen die Böhmen über das Etschthal und Bozen bis nach Meran, das sie in Brand steckten. Auf dem Schlosse Tirol jedoch vertheidigte sich Margaretha Maultasche, wohl wissend, was ihr im Falle der Uebergabe bevorstehen würde, mit großer Tapferkeit und König Karl konnte das Schloß nicht bezwingen. Kaiser Ludwig, der aus Baiern herangezogen war, unterlag zwar schimpflich (es war sein letzter und ruhmloseſter Feldzug) — confusus in Bavariam cursu leprino rediit; als aber der Markgraf aus dem fernen Litthauen und Polen herangerückt war, wendete sich das Kriegsglück. Die Böhmen erlitten bei Salurn eine gänzliche Niederlage und verloren Bozen und alle tirolischen Besitzungen wieder. In diesem Feldzuge wurde Engelmar von Villanders gefangen und in strenge Haft gebracht, aus der er nicht mehr entkam, obwohl seine Freunde immer seine Befreiung hofften. Er mußte auf Befehl des Herzog's von Teck sein Haupt unter das Beil des Scharfrichters beugen. Albert von Straßburg, ein gleichzeitiger Chronist erzählt Engelmar's Tod, der nach ihm im Jahre 1349 erfolgte, mit diesen Worten: »Indessen wurde der Ritter Engelmar, der die Grafschaft Tirol dem Markgrafen von Brandenburg übergeben hat, eines Verdachtes wegen durch den Markgrafen gefangen genommen und vor seinem festen Schlosse, das sein Bruder inne hatte, enthauptet, und alle seine Güter nach und nach von dem Markgrafen durch Herzog Conrad Teck, der ihm vollkommen treu war, in Besitz genommen.« Anders erzählt Hormayr (Tir. Allmanach 1803): »Herzog Conrad von Teck zog mit Fähnlein und Spiesgen gegen Engelmar, seinen persönlichen Feind, und schloß ihn in seiner Veſte Stein am Ritten ein. Der Herzog ließ ihn enthaupten und alle seine Güter fielen der landesfürstlichen Kammer zu.« Daburch war der Stamm dieses Edelgeschlechtes seiner Lebenskraft beraubt; denn Engelmar galt als einer der reichsten und angesehensten Ritter seiner Zeit; er war Reichs-Vikarius zu Feltre, worauf er einen Satz von 3824 Mark hatte; er besaß die Herrschaften Kastellrut, Ritten, Sarnthal, Salurn und Neuhaus, welche letztere ihm 1337 um 4000 Mark abgelediget worden ist. König Ludwig bestätigte ihm 1343 alle Forderungen auf Kadober, Pleif, Rodeneck, Mühlbach, Gufidaun, Gries und das Kelleramt zu Meran. Er liegt in Neustift vor dem St. Christofs Altare in der Kapelle nova unter einem großen, weißen Stein mit der Inschrift begraben: „Dominus Engelmarus, miles de Villanders, cujus sepultura hacc." — Er und seine Hausfrau Speronella de Castro barco stifteten daselbst einen Jahrtag und machten viele Schenkungen dahin (III. 595). In der großen Kirche auf der linken Seite hingen noch im Jahre

3 *

beſaßen; doch nicht lange waren ſie in deren Beſitze. Dieſe rohen
Edelleute fügten beſonders dem Kloſter Sonnenburg und ſeinen
Gotteshausleuten durch Raub und Brand großen Schaden zu, ſo
daß ſie König Heinrich von Böhmen, Graf zu Tirol, zu einem
Schadenerſatze von 1600 Mark verurtheilte. Daburch und durch die
vielen Theilungen ſind die einſt ſo mächtigen und reichen Schönecker ſo tief geſunken, daß ſie ein Stück nach dem andern verkau-
ſen und verpfänden mußten. Das Gericht Buchenſtein verkaufte
Paul dem Jakob Quabagnini von Avoscano ſchon im Jahre 1316
und Thurm an der Gaber verkaufte Nokolaus 1331 an Ranbolb
von Theiß und ſtarb 1346, eilf Jahre vor ſeinem Bruder Paul,
von deſſen vier Kindern ihn nur ſein Sohn Johann überlebte.
Dieſer befand ſich in der äußerſten Armuth und ſtarb als der letzte
Sproſſe dieſes ureblen Hauſes auf dem Schloſſe Aſchburg oder
Aſchbach am Winnebache zwiſchen Obervintl und Terrenten gelegen
um das Jahr 1378. Seine Witwe Gertraub Trautſon gab dieſen
Anſitz 1379 dem Stifte Sonnenburg, wo ihre Schweſter Margreth
Abtiſſin war, um eine lebenslängliche Laien-Pfründe" alz manch Edl
Frawen daſelbſt aus genaden vor ihr genozzen haben."

Hohenbichl.

Als die Herren von Schöneck noch in der Blüthe ihrer Macht
und ihres Reichthums ſtanden, zählten ſie die angeſehenſten Ge-

1600 zehn Fahnen, viele alte Helme und Schilbe, Weihgeſchenke der Herren
von Villanders aus verſchiedenen Zeiten (Marcus Sixtus v. Wolkenstein M.
S.) Nach dem unglücklichen Tode Engelmar's machen ſich noch einige Männer aus dieſem Edelgeſchlechte in der Geſchichte unſeres Vaterlandes bemerkbar, wie Friedrich von Villanders, Domherr und Propſt im Kreuzgange zu
Brixen. Er war ein Sohn Georgs von Villanders, Stadtrichters zu Bri-
ren, und der Richſa von Guſidaun. Er baute in ſeiner Vaterſtadt Brixen
in der Runggadgaſſe eine Kapelle zu Ehren der h. Jungfrau und Martyrin
Katharina und ließ dieſelbe 1352 durch Matthäus Konzmann Biſchof zu Bri-
ren einweihen. Mit Hilfe ſeiner zwei Schweſtern Agnes, die in erſter Ehe
mit Wernher Fink von Katzenzung, in zweiter mit Dietmar Trautſon verehe-
lichet war, und Margareth, Gattin des Herrn Nikolaus v. St. Michaelsburg, ſtiftete er in dieſer Kapelle ein Benefizium, welches 1603, nachdem dieſe
Kapelle den Kapuzinern überlaſſen worden, in die Domkirche überſetzt
wurde. Dieſes einſt ſo herrlich blühende Geſchlecht erloſch mit Wilhelm von
Villanders im Jahre 1547.

schlechter der Umgebung zu ihren milites, armigeri — Soldaten und
Dienstmannen. Zu diesen gehörten unter andern die Edlen von
Hohenbichl auf Terrenten, ein hochgelegenes Dorf am Fuße der
mächtigen Eidechsspitze, das in alten Urkunden Torrenten vermuthlich nach dem wilden Kampfosenbache genannt wird. — Hohenbichl,
ein Weiler von 9 Häusern, nimmt ungefähr die Mitte zwischen
Terrenten und Margen in einer erhabenen Stellung ein. Hier saß
das alte Geschlecht der Herren von Hohenbichl. Man nimmt gewöhnlich als Stammvater dieses Geschlechtes Hans von Hohenbichl
an, der um das Jahr 1270 als Dienstmann (miles, armiger) der
Herren von Schöneck erscheint. Meiner Meinung nach dürfte dieses Geschlecht noch viel höher hinaufreichen. In dem Saalbuche
von Neustift kommen Urkunden vor, die dieses zwar nicht strenge
beweisen, doch aber sehr wahrscheinlich machen. In der Urkunde
(I. 62) schenkt Pernhard von Carnol dem Stifte um das Jahr
1158 einen Acker, was unter andern Franko und Luitso von Elves,
jetzt ein kleines, aber niedliches Dörfchen auf der Höhe des Krane-
bitter Berges eine Stunde von Brixen gelegen, bestätigen. Diese
zwei sind die Stammväter der Edlen von Elves, welche sich durch
sie in zwei Linien theilten. Das Stammhaus dieses Geschlechtes
lag nicht im Dörfchen selbst, sondern stand nach der Sitte damaliger Zeit auf einem östlich vom Dorfe kühn und mächtig sich erhebenden schroffen Felsenkegel, der nach allen vier Seiten eine weite
Fernsicht bietet und jetzt noch im Munde des Volkes Guggenhaus
genannt wird. Man findet zwar kein Mauerwerk mehr, wohl aber
Ueberreste von einem solchen, zerstreut herumliegende behauene Mauer-
steine und Ziegel, zum Beweise, daß hier einst ein alter, fester Bau
gestanden sei. Luitso, der ältere, hatte drei Söhne, Philes (I. 111),
der ohne Nachkommen starb; Liuto (I. 111), welcher das Geschlecht
der Edlen von Elves durch Chunrad (I. 245. II. 260) fortpflanzte,
und Rupert, (I. 111), der sich in Terrenten ansäßig machte und
sich schon 1168 von Terrenten nannte, als er dem Stifte Neustift
einen Acker auf Elves gelegen vermachte. Fragt man wie Rupert
von Elves nach Terrenten gekommen ist, so können wir freilich auf
diese Frage nicht mit Bestimmtheit antworten; vielleicht hatte jener
Dietmar, der in der Urkunde (I. 82.), durch welche Hezil von En-

gebin einen Hof auf Terrenten dem Stifte schenkt, im Jahre 1160 als Zeuge vorkommt, nur eine Tochter, die er dem Rupert von Elves zur Hausfrau gab. Ohne Zweifel ist auch Karl, der Priester, mit seinen Enkeln Albert und Heinrich, die in der Urkunde (I. 231) im Jahre 1252 erscheinen, ein Nachkomme Ruperts von Hohenbichl auf Terrenten. Nebst diesem Namen nannten sie sich auch Heusler und Prözzele, ohne daß wir die Ursache einer solchen Namens-änderung wissen. Die Prözzele hausten in Nieder- und Obervintl auf dem ansehnlichen Ansitz „Baumgarten" — und bildeten eine eigene Linie, die mit Dorothea, einer Tochter des Nikolaus Prözzele, genannt „Maier in Baumgarten an der Obervintl" — um das Jahr 1510 erlosch. Sie war verehelicht mit Peter Trojer, Richter auf Schöneck, der durch sie in den Besitz von Baumgarten kam. Mit Paul, der als der Letzte auf Hohenbichl zu Terrenten gesessen, starb um das Jahr 1404 diese Linie aus. Sein Vetter Hans hat sich um das Jahr 1360 in Rasen angesiedelt und nannte sich auch immer „Heusler von Rasen." Sein Geschlecht blüht noch heute im frischesten Flore fort in den Söhnen des 1834 gestorbenen Josef David Ritter von Heusler, Vicepräsident des Appellations-Gerichtes zu Klagenfurt.

Mühlen,

ein Weiler mit neun Häusern auf dem Mittelgebirge zwischen Terrenten und Pfalzen gelegen, gab dem alten Geschlechte, das hier hauste, seinen Namen. Der schloßartige Ansitz wurde ohne Zweifel von den Herren von Schöneck für ihre Amtsleute, Ritter und Be-dienstete erbaut; im Jahre 1279 geschieht von diesem Sitze die erste Meldung in einer Urkunde, ausgefertiget „in Palatio sub Schöneck." — Die Edlen von Mühlen „am Bach" hatten als Dienstmannen der Schönecker zuerst diesen Ansitz inne. Lipp von Mühlen gab 1363 seine einzige Tochter Dorothea dem Achaz von Pfalzen zur Ehe und setzte 1392 seinen Enkel Peter von Pfalzen zum Erben ein, als er sich mit Barbara Plazoller verehelichte. Seit dieser Zeit besitzen die Edlen von Pfalzen, „Mörl" genannt, diesen Ansitz bis auf heu-tigen Tag. Unbekannt ist es jedoch, wie lange die Mörl auf diesem

Anſitze geſeſſen; gewiß nur iſt, daß ſich Balthaſar Mörl, von dem
die noch blühenden Linien dieſes Geſchlechtes abſtammen, 1568 in
St. Georgen anſäßig machte. —

Haſenried.

Von Pfalzen gelangt man auf einem bequemen Gemeindeweg
gegen Weſten in einer halben Stunde nach Iſſingen. Gegen Norden ſieht man am Fuße des ſchönen Honigberges die Gehöfte von
Haſenried. Hier hausten ſchon in früheſter Zeit die Edlen von
Haſenried, welche wie die von Hohenbichl und Mühlen Dienſt- und
Lehensleute der alten Dynaſten von Robank-Schöneck waren. Bald
erſchwangen ſie ſich zu ſolchem Anſehen und Reichthum, daß ſie ſich
ſowohl in dem benachbarten Kiens, wie auch in Pfalzen anſehnliche
Wohnſitze bauten und abwechſelnd da hausten. Ihr Familienwappen iſt ein ſpringender Haſe im rothen Felde, wie dieſes in einer
Urkunde von 1331 erſichtlich iſt. Der urkundlich erweisbare Stammvater dieſes Geſchlechtes iſt Otto, der in der Urkunde (I. 259) mit
ſeinem Sohne Otto um das Jahr 1278 vorkommt. Dieſer letztere
ſchenkte dem Kloſter Neuſtift in dieſer Urkunde im Einverſtändniſſe
mit ſeiner Gattin Diemut von Naß und ſeinen neun Kindern einen
Leibeigenen, Rupert von Elves. Im Jahre 1385 erloſch dieſes Geſchlecht mit Martin von Haſenried. —

Pfalzen.

Weſtlich von Greinwalden leitet ein ſehr angenehmer Gebirgs-
weg in einer halben Stunde nach Pfalzen (in alten Urkunden
Phalanza, Falancé, ſpäter Phalnzen), ein Dorf mit 61 Häuſern
und 500 Einwohnern im Landgerichtsbezirke Bruneck gelegen. Den
Urſprung des jedenfalls ſehr alten Ortes wollen einige von einer
Römeranſiedelung herleiten; ſie ſetzen ſogar das im Antoniniſchen
Reiſebuch zwiſchen Aguntum (Innichen) und Sebatum (Schabs)
bezeichnete Litamum nach Pfalzen. Dafür bringen ſie an, daß die
Römerſtraße, wie die allgemeine Meinung annimmt, über den Pfalz-
ner Berg geführt habe, daß folglich die römiſche Manſion mit viel

befferm Grunde auf das straßenbelebte Pfalzen als in die abgele-
gene Gegend zwischen Lorenzen und Pflaurenz hingewiesen werden
müßte. Auch wird auf Luttach und Sichelburg, wie auf das nahe
Mühlen (Millana) hingebeutet. (Sieh' Reſch Annal. eccl. brix.
Saecul. VI. §. 19 n. 58 et add. ad Tom. IV. p. 257). Ein an-
berer Forſcher glaubt in der etymologiſchen Zergliederung des Namens Litamum ein Argument für Pfalzen zu finden, indem dieſes
Wort nichts anderes als eine Zuſammenziehung von Lithotomie
(Steinſchneidekunſt) ſei. Da es nun kaum einem Zweifel unterliege,
fährt er fort, daß die bauverſtändigen Römer den Granit bei Pfalzen auch gekannt und beim Baue ihrer Wachtthürme und Kaſtelle
benützt haben, ſo ſei es nicht minder glaubwürdig, daß ſie zur Bearbeitung der rohen Steinblöcke in deren Nähe, alſo zu Pfalzen,
Steinſägen und andere Anſtalten errichtet haben, wie dieſes aus
Anlaß des Feſtungsbaues bei Aicha vor dreißig Jahren der Fall
war. — Welche nun von dieſen zwei Anſichten den Vorzug ver-
bient, mögen andere entſcheiden. — Staffler (Tirol und Vorarlberg
II. Bd. S. 231) meint, der Name Pfalzen könnte wohl aus dem
lateiniſchen „Falces" entſtanden ſein, da die Herren von Sichelburg,
einem Anſiße in Pfalzen, der unter dem Namen Falciburgum ſchon
im 9. Jahrhundert vorkomme, ſich „de Falcibus" — geſchrieben
hätten. — Dieſer Anſicht des gelehrten und gründlichen Forſchers
würden wir nicht zu widerſprechen wagen, wenn dieſes nicht die
Geſchichte thun würde. Es kommt zwar allerdings ſchon ſehr frühe
ein Wittemar von Falciburgum vor; allein dieſes Falciburgum liegt,
wie aus Urkunden bewieſen werden kann, nicht in Tirol, ſondern in
Kärnten. Zudem hat erſt Nikolaus Plazoller, ein Sohn der
Margareth von Pfalzen ſich auf ſeiner Mutter „Anſiebl" um das
Jahr 1358 anſäßig gemacht und ſeinen neuen Anſiß nach ſeinem
Wappen, in dem er zwei Sicheln führte, Sichelburg (Falciburgum)
genannt, da doch der Name Pfalzen ſchon 1050 vorkommt. — An-
bere leiten dieſen Namen von dem lateiniſchen Worte „Palatium"
ab und behaupten, der jeßige Wibbum, allerdings ein ſehr altes
Gebäude, habe den Grafen von Görz gehört und denſelben zu
einem Sommeraufenthalt gedient; woher dann in der Folge von
dieſem gräflichen Palaſte (Palatium) das ganze Dorf den Namen

„Pfalzen" erhalten habe. — Auch diese Ansicht widerspricht der Geschichte, indem, wie gesagt, vom Orte Pfalzen schon 1050 Meldung geschieht, zu welcher Zeit die Grafen von Görz in unserer Gegend doch sicher nichts zu thun und zu schaffen hatten. Anstatt Grafen von Görz sollte es heißen, Grafen von Lurn und Pusterthal. Erst später haben diese den Titel „von Görz" angenommen, da sie auch diese Grafschaft an sich gebracht haben. Das Gericht Schöneck, in dem Pfalzen lag, erhielten sie erst im Jahre 1351. Sei es nun, daß die Grafen von Lurn und Pusterthal in Pfalzen ein Palatium für sich oder ihre untergestellten Richter hatten, oder daß sich dieser Name schon von den bojoarischen Herzogen, wie z. B. Tesselberg (Tassilo-Berg), Dietenheim (Aufenthaltsort des Herzog Theobo oder Diet), Uttenheim (Ottoheim) herschreibe, wir lassen die Sache unentschieden und gehen auf das Geschlecht der Edlen von Pfalzen über.

Dieses Geschlecht reicht bis in jene graue Vorzeit hinauf, wo in unserm Vaterlande noch keine eigenen Geschlechtsnamen üblich waren, und gehört demnach zur ältesten Klasse des tirolischen Landabels. Sie führten in der ersten Zeit ihres Erscheinens nur den Namen „von Pfalzen"; als sie sich aber in mehrere Linien theilten, setzten sie ihrem gemeinsamen Geschlechtsnamen „von Pfalzen" — verschiedene Unterscheidungsnamen vor, als „Tobratl, Wieller, Bieler, Mörl." — Der Stammvater dieses vielverzweigten Geschlechtes ist Reginhard, Bediensteter der brixner'schen Kirche, welcher 1130 unter dem Dompropst Walther und Dechant Kabelhoch ein Landgut auf Pfalzen an das Hochstift Brixen schenkte. (Saalbuch Brixen unter Bischof Hugo und Reginbert.) Er hinterließ bei seinem Tode, dessen Jahr uns nicht bekannt ist, vier Söhne, Heinrich, Reginhard, Reginbert und Volkmar; diese zwei letztern kommen in Urkunden von Brixen und Neustift häufig vor (I. 33. 54.) Im Jahre 1149 übergab Reginbert, der in Terrenten und Hasenried große Besitzungen und sogar eigene Soldaten hatte, wie dieses aus I. 119 deutlich hervorgeht, wo ausdrücklich Alber, miles domini Reinberti de Phalenze genannt wird, der Kirche der heiligen Maria zu Neustift einen halben Hof auf Terrenten für der Mutter und sein Seelenheil (I. 30). Im Jahre 1183 schenkt er als Bediensteter der Kirche von Brixen (ministerialis ecclesiae brixinensis) auf den

Altar der heiligen Maria in Neustift, für sein und seiner Aeltern
Seelenheil alle seine Güter in Hasenried, welche ein gewisser Berch-
told verwaltete. (I. 138). Bald nach dieser Schenkung starb Reginbert ohne Kinder; seine Gattin Diemut, eine Schwester Heinrichs
von Rischon, war ihm schon vor fünf Jahren vorausgegangen, wie
auch sein Bruder Volkmar, der 1167 an Neustift einen Acker in
Vintl schenkte (I. 106). Sein Enkel Arnold von Pfalzen nennt
sich um das Jahr 1254 „zu Pfalzen und Raubers," weil er
wahrscheinlich von Arnold zu Robank, dessen miles er schon 1242
und 1245 heißt, zu Raubers, einer Parzelle auf Robank, Güter als
Lehen erhalten hatte. Er pflanzte sein Geschlecht durch seinen Sohn
Merboto fort, da seine übrigen vier Kinder entweder unverhei-
rathet oder kinderlos starben, bis es 1346 erlosch. Es stand in
hohem Ansehen, da es sich mit den damals berühmtesten Häusern,
Robank, St. Michaelsburg, Rischon, Linne, Schabs, Lutach
und Würsung verband. Zudem gehörten diesem Geschlechte berühmte
und verdiente Männer an. Conrad war 1190 Domherr zu Brixen, wie auch später Heinrich, der unter andern auch als Zeuge in
jener Urkunde erscheint, durch welche Bischof Heinrich IV. von Brixen
dem Propst Heinrich II. das Archidiakonat von Pusterthal im Jahre
1228 überträgt. (Archiv Neustift A. 5). Friedrich ein Sohn Merboto's war von 1280 — 1321 ebenfalls Kanonikus und Propst im
Kreuzgange zu Brixen. Der letzte dieses Geschlechtes war Berch-
told II., Propst zu Neustift von 1342 — 1346; er war der Sohn
Berchtolds von Pfalzen und Raubers und erhielt von Ludwig, dem
Brandenburger, die Bestätigung aller Privilegien, welche die frühern
Grafen von Tirol dem Stifte Neustift verliehen hatten. (Archiv
Nenstift A. 23.) [19] —

---

[19]) Ein anderer Enkel Volkmar's, Conrad mit Namen, war mit Adelheid aus Lutach in Taufers vermählt und stiftete die Nebenlinie der Edlen
von Pfalzen, die sich nach seinem Beispiele »die Tobratl« nennen; sein Sohn
Conrad, vermählt mit Anna, einer Tochter Arnold's Würsing von Mühlen in
Taufers, schlug seinen Wohnsitz 1262 daselbst auf und setzte das Geschlecht der
Edlen von Pfalzen — Tobratl — fort, bis es im Jahre 1368 mit Elsbeth erlosch,
der einzigen Tochter Rikels, die in erster Ehe mit Peter von Aufkirchen, in
zweiter mit Simon von Turnerrötsch vermählt war, der sich auf dem Erbe
seiner Hausfrau zu Pfalzen ansässig machte und insgemein der Pfalzner genannt wurde. Der Oheim dieser Elsbeth, Friedrich von Pfalzen, nannte sich

Aufhofen,

Stunde nördlich von Bruneck gelegen, war
ıbert unter dem urkundlichen Namen Ufhovun

- machte im Jahre 1361, als er im Begriff war, eine
ıfem zu unternehmen, sein Testament und gründete
iblen von Pfalzen. Sein Sohn Achatius vermählte
inzigen Tochter des Lipp von Mühlen, durch die er
Baters den Ansitz Mühlen bekam; sein Sohn Peter
wird 1392, 1410 insgemein der »Mörl« genannt
ınbrichter zu Michaelsburg. Sein Sohn Hans, der
Mühlen, Rath des Grafen Leonhard von Görz und
Kaiser Maximilians, ist der Stammvater des noch
der von Mörl, das sich in verschiedene Zweige spaltete.
ı dieses Hans Mörl sind mehrere berühmte Männer;
Sichelburg; Georg ist 1610 kaiserlicher Rath und
mandeur zu Bozen; Bernard 1627 trientner'scher Rath
n; Matthias Philipp, Deutschordensritter, fällt im
n; Hans, Domherr zu Brixen 1613. — Michael,
·l, hatte nebst andern Kindern zwei Söhne, Peter
welchen jeder wieder eine eigene Linie stiftete;
ammvater jener Linie, die sich nach dem An-
auf Pfalzen immer »von Pfalzen, Müh-
rg« nannte, und Maximilian gründete durch
·, der sich in Stegen ansässig gemacht, die Linie der
Aus ersterer Linie zeichneten sich aus; Peter, k. k.
sandter in Graubündten; Paul Hauptmann an der
Kraft und Biedersinn starb 1648; Adam Hauptmann
ıe gleichzeitig mit seinem Bruder Peter, der wie sein
aiserlicher Gesandter in Graubündten wurde. Die Letzte
ına Felizitas, welche den Ansitz Sichelburg erbte, und
Felix von Mayrhofen 1763 starb. Aus dem Geschlechte
ju Mühlen und Sichelburg in Stegen finden wir Ja-
irner'scher Hofrath und Hofrichter 1648 starb; Hans
ısterthal; Franz Paris Mörl von Mühlen und Sichel-
Veronika Thalhammer zu Thalegg, Erbin
ıd der Thalhammer'schen Primogenitur, und gründete
ı von Mörl von Pfalzen zu Mühlen und Sichelburg
oder Thaleck ein Ansitz am nördlichen Ende des Dor-
er Straße nach St. Pauls, mit einem Kirchlein und
ıensaal.) Eine Seitenlinie davon entstand durch die
Maria Mörl mit Maria Sölva zu Kaltern; er starb
folgte ihm 1827 in das bessere Jenseits nach. Unter
ıieser Ehe entsprossen, ist unstreitig Maria von Mörl,
terer Fräulein bekannt, die berühmteste. Staffler in

ober Ufhova bewohnt. Dies erhellt aus einer Schenkung des Herzog Heinrich von Kärnthen, welche, wenn nicht im Jahre 977, doch

einer topogr. Beschreibung von Tirol und Vorarlberg sagt Bd. II. S. 801
— 804: Eine eben so liebliche als verehrungswürdige Erscheinung aus der
gegenwärtigen Zeit ist das Fräulein von Mörl. Sie gehört unter die Klasse
der Ekstatischen und ihr Name gelangte bereits zu einer europäischen Noto-
rietät. Viele tausend Fremde besuchten sie (schon gegen das Ende des Jahres
1833 war deren Zahl auf 40,000 berechnet) und fast bei allen gebildeten Na-
tionen Europa's fand die Jungfrau von Kaltern einen Biographen oder einen
Apologeten oder einen, der sonst über sie schrieb; so wie in England den hoch-
gefeierten Bischof Wisemann und John Thalbot, Grafen von Schrewsbury,
ersten Grafen von England und Irland, und in Deutschland — ich übergehe
die vielen andern — den gelehrten Görres. Maria von Mörl kam zu Kaltern um die Mitternachtsstunde vom 15. auf den 16. Oktober 1812 zur Welt.
Das Leben ihrer Kindheit floß still und unbemerkt dahin. Von ihrer Mutter
sorgsam und in der Gottesfurcht erzogen, nahm sie zu, wie an Alter, so an
Tugend und Frömmigkeit. Ihr reiner Geist, hocherhaben über den Staub
der Erde, gewann eine unbeschreibliche Stärke in der Sehnsucht nach der Vereinigung mit Gott. Kaum war Maria in das 19. Lebensjahr getreten, als
sich an ihr Erscheinungen zeigten, die zur Bewunderung, zum Staunen, zur
Erbauung hinzogen. In die Mysterien unserer heiligen Religion, in die tiefste
Anschauung des Leidens unseres Erlösers versunken, verliert sie alle Empfänglichkeit für die Sinnenwelt, sie scheint nur mehr ein geistiges Wesen.
In diesem Zustande der Ekstase kniet sie auf ihrem Bette wie ein schwebender
Engel, in weißem Kleide mit gelösten Haaren in aufrechter Stellung, die
großen klaren Augen unbeweglich nach einem Punkte himmelwärts geheftet,
die Hände unter dem Kinn fest gefaltet, ihre Miene ernst, mild und ohne
Regung, ihr Angesicht ohne Farbe, blaß gleich einem zarten Wachsgebilde,
und man möchte meinen, ohne Leben, verrieth dieses nicht ein zarter Puls-
schlag am Halse. Anders und höchst rührend sieht man die Entzückte am
Abend eines jeden Donnerstages, wenn sie den Kampf des Erlösers am Oel-
berge mitzuleiden scheint. Am ergreifendsten sind aber die Scenen am Frei-
tage, die sich durch die innige Theilnahme an dem Kreuzestode kundgeben.
Um 3 Uhr Nachmittag wird ihr Herz von einer solchen Angst erfüllt, daß sie
laut seufzt, schluchzt und verschmachtet. Die halbgeöffneten Lippen werden
aufgeworfen und blau gefärbt, die Augen von einem Thränenschleier getrübt;
das Haupt neigt sich, die Arme fallen, ein heftiger Schauer durchbebt ihr
ganzes Wesen, ihr Körper sinkt — zurückgebogen, regungslos und erblaßt
liegt er gleich einer Leiche da. — Seit dem Jahre 1834 trägt sie die Signa-
tion an Händen und Füßen. Oft enthüllt sie nach authentischen Bestätigun-
gen die verborgenste Zukunft und sieht Ereignisse vor sich vorübergehen, die
in demselben Momente anderswo geschehen. Die ausführliche Geschichte der
äußerst merkwürdigen Erscheinungen an Maria von Mörl, wie sie von den
zuverläßigsten Augenzeugen beobachtet worden sind, würde hier zu weit führen. Troß so vieljähriger und heftiger Leiden, die bei frühern Versuchen
ärztlicher Hilfe auch nie gelindert wurden, lebt die fromme Dulderin noch

ficher zwischen 983 und 989 gemacht wurde. Dieser Heinrich, Herzog von Kärnten, war wegen seiner Anhänglichkeit an Heinrich, Herzog von Bojoarien, von Kaiser Otto II. seines Herzogthums entsetzt, erhielt es aber im Jahre 983 oder 985 wieder. Aus Dankbarkeit schenkte er im Einverständnisse mit seiner Gattin, Hiltigard, auf die Bitte des Bischofes Albuin der Kirche von Brixen zwei ihm angehörige Huben, von denen die eine im Dorfe Aufhofen (in villa Ufhovun), die andere im Dorfe Stegen lag. (Resch) Annal. Sab. Tom. III. p. 652.) Es stand schon sehr frühe hier eine feste und großartige Burg, welche im Jahre 1096 Eigenthum des Hochstiftes

---

mmer. Seit mehreren Jahren, nachdem ihr Vater gestorben, bewohnt sie ein Zimmer im Nebengebäude des Klosters der Schwestern des dritten Ordens. Viele Gelehrte haben sich große Mühe gegeben, diese Hellseherin zu ergründen, allein es scheint noch Keinem ganz gelungen. Interessant bleibt indessen immer das Schreiben des Professor Josef von Görres vom 19. Oktober 1835 an den Fürstbischof von Trient (S. Neue Sion I. Jahrgang 1845 Nr. 3) »Es ist bekanntlich — heißt es darin — sehr schwer, über Ekstatische ein bestimmtes Urtheil — sei es für sie oder gegen sie — auszusprechen. Die günstigsten Umstände geben noch keine vollkommene Sicherheit, und die ungünstigsten rechtfertigen in vielen Fällen noch keine gänzliche Verwerfung. Der Grund liegt klar zu Tage: während sie uns d u r c h s c h a u e n, können wir sie nur u m s c h a u e n, das, worauf es am meisten ankommt, ihr inneres Verhältniß zu Gott bleibt immer bedeckt. So sind wir auf die äußern überquellenden Zeichen angewiesen, die immer trüglich bleiben und bis zum Ende wandelbar; und so gehen sie aus jeder Untersuchung mit den Worten hervor: „Secretum meum mihi!" — uns aber ist höchstens nur eine Wahrscheinlichkeit zu Theil geworden. Glücklicherweise sind bei der Maria von Mörl diese Probabilitäten so gewichtig und die Bedenken treten so sehr in den Hintergrund, daß man bei ihr ohne sonderliche Gefahr schon wagen kann, eine bestimmte Meinung zu fassen und die gefaßte auszusprechen. Der mächtigste Grund dieser größten Sicherheit bei ihr liegt in der Einfalt und Durchsichtigkeit ihres Wesens, die sich besonders dann zu erkennen gibt, wenn sie zu sich gebracht, in die Welt hinausschaut. Ihr Auge ist dann ein so klarer Spiegel ihrer Seele, daß man diese leicht, wie von Angesicht zu Angesicht, durchblickt und nur — da nirgend ein Winkel, nirgend eine Trübung zu gewahren ist — urtheilen muß, daß solche Klarheit, die durch keine Kunst hervorgerufen werden kann, nur der Abglanz einer innern Reinheit und Unschuld ist. Betrachtet man dasselbe Auge, — das, wenn sie bei sich ist, den Ausdruck eines Kindesauges hat, — und sieht man dann, wenn sie in den Zustand der Absorption zurückgesunken, welchen Ausdruck von Tiefe und Hoheit es in einem kaum unterscheidbaren Momente angenommen; dann ergreift man vollkommen den Zusammenhang der höhern Zustände mit dem gewöhnlichen in dieser Kinderseele und sieht sie gleichsam aus ihnen hervorgehen.« —

Brixen war, deſſen Biſchöfe öfters ſich hier einige Zeit aufhielten. Daraus iſt es zu erklären, daß in Aufhofen viele Vergleiche von ben Biſchöfen gemacht unb öfters größere Zuſammenkünfte gehalten wurden. So ſchloß Biſchof Albuin unb ſein Vogt Dubalſcalch einen Vergleich mit Herolt von Alagumna an bem Orte „Ufhova.“ Eben ba tauſchte Biſchof Altwin von bem Ritter Abalgoz einen Acker ein, für welchen bieſer einen andern im Dorfe Gaizzes (Gaiß) erhielt. Am 29. Oktober 1182 kamen in „Ufhova“ Biſchof Hein-rich von Brixen, Biſchof Otto von Bamberg unb ſein Bruder Berthold, Markgraf von Iſtrien zuſammen unb enbigten ba einen langwierigen Streit, welchen bas Kloſter Neuſtift mit Brigitta, der Witwe Ludwigs de porta s. Michaelis (ſieh' Anmerkung 12) wegen bes Lanbgutes Plaiken in ber Gemeinbe Neuſtift hatte. Dieſe brei Fürſten brachten ein ſo zahlreiches Gefolge mit ſich, baß ſich bie Anzahl jener Ebelleute, bie ausbrücklich genannt werden, auf 70 belief. Daraus mag man auf bie Zahl ber Wohnungen in Aufhofen ſchließen, wenn ba ſo viele Ritter ſammt ihren Herren Unterkunft finben konnten (Autogr. in Arch. neocell. Hormayer Beitr. II. p. 265 u. ſämmtl. W. III. p. 112). Zubem iſt noch zu bebenken, baß auf ber nämlichen Burg auch bie biſchöflichen Amtmänner wohnten, bie im Namen ihrer Herren Recht ſprachen unb bie Gefälle bes Hochſtiftes in ber Umgebung verwalteten. Daher kommen ſie urkunblich unter verſchiedenen Namen vor; balb nennen ſie ſich praepositi (Pröpſte; Preuſte) ober officiales domini episcopi, balb oeconomi. — So erſcheint Engilwero ober Engilbero (I. 49, 50, 52), ber Stammvater ber Herren von Aufhofen, 1152 als oeco-nomus bes Biſchofs von Brixen; wie auch ſein Sohn Guto, ber 1210 ſchon tobt war, ba in bieſem Jahre ſeine Gattin Abelheib mit ihren Töchtern unb Söhnen Witwe genannt wirb, von benen Engelmar bem Vater im Amte als praepositus nachfolgte, während ſeine zwei Brüder Friebrich unb Gottſchalk (I. 174) „milites domini episcopi“ — wurden. Conrab von Aufhofen, ein Sohn Engelmar's war ber letzte „officialis domini episcopi“ in Aufhofen; benn als Bruno, Biſchof von Brixen, um bas Jahr 1256 bas nach ſeinem Namen genannte Schloß Bruneck erbaut unb zur Stadt gleichen Namens ben Grunb gelegt hatte, wurbe bas Urbar unb Richteramt

on Aufhofen nach Bruneck verlegt und die alte fürstliche Burg
bigem Conrad zu Lehen verliehen, dessen Nachkommen sie in der
ämlichen Eigenschaft bis zu ihrem Aussterben inne hatten und sich
infach „von Aufhofen" nannten. Eine Ausnahme davon machte
eopold, der drittgeborne Sohn dieses Conrad, der sich aus mir
nbekannten Gründen „der Spitznagel von Aufhofen" nannte, ein
igenes Wappen führte und die Linie der „Spitznagel von Aufhofen"
iftete, die mit Heinrich Spitznagel, Domherr in Brixen um das
sahr 1385 ausstarb. Etwas länger dauerte das Geschlecht der
igentlichen Herren von Aufhofen, das Hans im Jahre 1410 schloß.
Seine ältere Schwester Dorothea war mit Heuß von Mühlbach ver-
nählt und brachte ihrem Gatten Aufhofen als Erbe zu, da ihre
nzige Schwester Elisabeth mit Georg von Sommersberg zu Albeins
ermählt schon 1396 ohne Kinder gestorben war. — Ihr Enkel
sigmund Heuß verkaufte die Besitzungen in Aufhofen im Jahre
502 seinem Vetter Hans von Rost, dessen Nachkommenschaft sie
is 1706 ununterbrochen innegehabt; im nämlichen Jahre kamen sie
urch Kauf und Erbschaft an die Herren von Hebenstreit.

Taufers.

Der Bezirk des Gerichtes Taufers, des größten Seitenthales
es Rienzgebietes, liegt von Bruneck nördlich und gränzt südöstlich
n den Bezirk des Gerichtes Welsberg und östlich an die Seiten-
rme des Landgerichtes Windischmatrei. Gegen Norden scheidet die
roße Tauernkette Taufers von den Gerichten Mittersill im Pinzgau
nd Zell am Ziller; gegen Westen stößt es an die Bezirke von
Sterzing und Mühlbach. Dieser ganze Bezirk wie auch die Haupt-
emeinde des Thales wird von dem einst so herrlichen und festen
Schlosse „Taufers" (Toufers, Touvers), ebenso Taufers genannt.
Diese mächtige Burg war ohne Zweifel das Stammschloß der Edlen
on Taufers, die als gewaltiges Dynastengeschlecht im Pusterthale
ie Burgen Taufers und Uttenheim mit den dazu gehörigen Gerich-
en als freies Eigenthum besaßen und sich der Oberherrlichkeit
es Hochstiftes Brixen selbst dann noch entzogen, als in Folge der
ekannten Schenkung Kaiser Heinrich IV. im Jahre 1091 Puster-

thal an Brixen kam. Die Herren von Taufers hatten ihre eigenen
Ritter (milites, armigeri — Dienstmannen), die ihnen unterthan
waren und beträchtliche Lehen von ihnen empfingen. Solche Dienstmannen waren die von St. Maurizen, von Uttenheim, die Zant
und Würsung, welche sich auch öfters von Taufers nennen, mit
ihren Herren aber nicht verwechselt werden dürfen. Der Ursprung
dieses Geschlechtes verliert sich, so wie der aller alten Familien in
dieser Gegend vor dem Jahre 1140 ganz in das Dunkel der Vorzeit; erst in diesem Jahre erscheint Hugo I., der als Stammvater
dieses Geschlechtes angenommen wird, mit seinem Sohne Hugo II.
in den Urkunden von Wilten als Zeuge, so wie er auch schon 1130
als Zeuge in der Stiftungs-Urkunde von Chiemsee vorkommt.
Hugo II. wird im Kalender des Dompropstes Winther am 5. März
als Wohlthäter der Kirche Brixen, der er ein ihm zugehöriges Gut
schenkte, angeführt. Er erscheint öfters als Zeuge in den Saal-
büchern von Brixen und Neustift (I. 82.) Seine Söhne waren
Heinrich I. und Hugo III. Heinrich I., welcher (I. 131) als Zeuge
vorkommt, war mit Mathildis von Aichach[20]) vermählt, da nach

---

[20]) Heinrich, der Stammvater der Herren von Aichach, wurde von der
Kirche zu Brixen mit dem Schlosse Aichach und Kehlburg bei Gais belehnt
und erscheint schon im Jahre 1151 als Zeuge, da Otto von Aßling durch
Haimo von Mischon sein Landgut Pirchen dem Kloster Neustift schenkt (I. 25).
Vier Jahre später kommt er wieder als Zeuge vor in der Urkunde (I. 37),
durch welche Rembert von Säben dem Stifte einige Grundstücke in Villanders, Telfes und Trens vermachte und den Zehent in Laien übergab (I. 46).
Bei der Uebergabe des Hofes in Terrenten an das Kloster (I. 82) im Jahre
1162 durch Hezil von Engedin nennt sich Heinrich einfach nur von Kehlburg. Er starb im hohen Alter um das Jahr 1180 und hinterließ fünf Kinder: Gottschalk (I. 66, 167, 170) starb ohne Nachkommen, diese Mathildis;
Irmgard nahm 1204 den Schleier im Kloster Sonnenburg; Albert starb ohne
Kinder, so daß nur Wilhelm (I. 101, 195. II. 320, 333, 368); der zweitgeborne Sohn Heinrich's, das Geschlecht fortpflanzte. Er hinterließ vier Söhne,
von welchen Gottschalk und Conrad Domherrn zu Brixen waren, Heinrich
(I. 195, II. 352) und Wilhelm (I. 195, 197) sich verehelichten und zwar
Heinrich, 1230 „dapifer episcopi brixinensis" genannt, mit Agnes von Velturns, welche nach dem Tode ihres Gemahls 1259 in das Kloster der Klarisserinnen zu Brixen trat und auch ihre Tochter Petrissa dahinzog. Wilhelm
mit Richiza, einer Schwester Rupert's von Kastellrut vermählt hatte drei
Söhne, von welchen der älteste Albert (I. 240) im Jahre 1249 als Domherr
in Brixen, im Jahre 1251 als Propst des Kollegiatstiftes im Kreuzgange und
bald darauf als Dompropst erscheint; er starb 1265. Der zweite war Wilhelm

einem um das Jahr 1181 erfolgten Tode sich mit Arnold von Rodank verband, mit dessen Einverständniß sie dem Stifte Neustift

---

der mit Agnes von Hauenstein keine Kinder hatte. Der dritte Heinrich vermählte sich mit einer Schwester Bertholds Tarant von Tarantsberg, die ihm
einen Sohn und drei Töchter gebar. Von diesen wurde Ottilia mit Heinrich
von Voitsberg vermählt, nach dessen Tode sie sich 1279 ihren Basen im Kla-
rissenkloster zu Brixen beigesellte; Elisabeth wurde die Gattin Erbo's von
Schenkenberg und Warina die des Johann von Gufidaun. Heinrichs Sohn
hieß, wie sein Oheim, Wilhelm und war mit Irmgard von Rodank 1241
verehelicht, von der er nur einen Sohn, Bartholomä hatte. Beide Wilhelme,
der ältere und jüngere, geriethen mit ihrem Lehensherrn Bruno, Bischof von
Brixen, in Streit. Die Veranlassung dazu ist etwas dunkel, denn eine Urkunde im Archive zu Brixen sagt nur: Heinrich der Maulrappe von Kastellrut sei im Jahre 1246 mit Wilhelm von Aichach in einem gewaltigen Streit
gelegen. Bei dieser Gelegenheit scheint es, daß Wilhelm von Aichach mit
seinem Enkel Wilhelm dem jüngern sich des Schlosses Kastellrut, Eigenthum
der Kirche von Brixen, bemächtiget und da sich mit gewaffneter Hand festgesetzt habe. Bischof Bruno zog nun mit einer ansehnlichen Heeresmacht
vor das Schloß und belagerte es; da er aber wohl einsah, daß die Belagerung wegen der Festigkeit der Burg und der verzweifelten Gegenwehr der
Aichacher sich nothwendig in die Länge ziehen und große Kosten erfordern
würde, gab er diese Veste und alle dahin gehörigen Leibeigenen und Grund-
herrlichkeiten dem Graf Meinhard von Tirol zu Lehen, unter der Bedingung, daß er 300 Mark bezahle und sich des Schlosses mit Gewalt der Waffen bemächtige, wie es deutlich in dem Lehenbriefe heißt, der am 31. Mai
1262 ausgestellt wurde. Meinhard scheint jedoch diese Bedingung nicht ein-
gegangen zu sein, sondern schickte dem Bischof Bruno eine Hilfsmacht (II.
339), mit der es ihm gelang, nach hartnäckiger Belagerung die Burg nieder-
zuwerfen und beide Ritter, den ältern und jüngern Wilhelm gefangen zu
nehmen und nach Brixen in die Haft abzuführen. Im Jahre 1264 wurde
in Gegenwart eines zahlreichen Adels Friede geschlossen unter der Bedingung, daß sie ihr ganzes Vermögen dem Bischof abtraten und sich mit
der Feste Aichach und einer jährlichen Rente von 100 Pfund Berner begnüg-
en. Unter diesen abgetretenen Gütern waren die Schlösser Kastellrut
und Kehlburg „cum hominibus et vasallitiis nobilibus et ignobilibus."
Bruno, zufrieden mit dem Betragen der gedemüthigten Ritter, entließ sie
durch eine Urkunde (1266 in Bruneck ausgestellt) aus ihrer Haft und schenkte
ihnen die Freiheit wieder, welche jedoch Wilhelm der ältere nicht lange mehr
genoß, da er bald nach 1268 starb. Der jüngere Wilhelm und sein Sohn
Bartholomä bekam aber noch einmal Händel mit Bruno und Meinhard und
wurde von letzterm gefangen und 1278 in schwere Haft gebracht. Um sich
daraus zu befreien, mußten sie sich die härtesten Bedingungen gefallen lassen
und durften 3 Jahre hindurch nicht mehr die Bisthümer Brixen, Trient,
Chur und Salzburg betreten. Nun scheinen die stolzen Aichacher genug ge-
demüthigt die übrigen Tage ihres Lebens in Ruhe verlebt zu haben;
doch glimmte der Geist der Empörung im Stillen in ihren Nachkommen

4

einen Hof auf dem Berge Achernach schenkte (I. 192). Hugo III. erhielt im Patriarchate von Aquileja durch seine Ehe mit Euphemia, einer Tochter des mächtigen Heinrich aus dem Geschlechte der Herren von Vilalta, die uralte Erbbeamte der Patriarchen von Aquleja waren und immer auf ihrer Stammburg Vilalta bei Udine hausten, reiche und ansehnliche Besitzungen. Er kommt in den Urkunden des Klosters Pollingen in Baiern schon im Jahre 1173 öfters als Zeuge vor und wird „ministerialis Bertoldi Andexii" genannt. Im Jahre 1184 schenkte er für das Seelenheil seines Bruders nach Neustift einen Hof auf dem Berge Aschbach (I 156). Er hinterließ bei seinem Tode nur zwei Kinder, Beatrix, vermählt mit Otto, Burggraf von Lienz, und Heinrich, der sich dem geistlichen Stande widmete. Dieser wird das erstemal in jener Urkunde vom Jahre 1216 erwähnt, in welcher seine Mutter Euphemia mit Beistimmung „ihres Sohnes Heinrich des Erzdiakon von Aquileja," ihrem Schwiegersohne Otto in und um Lienz mehrere Güter überließ. Als Bischof Bertholb am 18. Juli 1224 gestorben war (III. 447), wurde Heinrich auf den bischöflichen Stuhl von Brixen erhoben, zu einer Zeit, wo es mit dem Landfrieden und der öffentlichen Sicherheit in unsern Gegenden nicht zum besten stand. Wir erkennen dieses aus der strengen Verordnung, welche er im Jahre 1229 mit Wissen und

---

fort, bis er in Grätzl von Aichach wieder in heller Flamme aufloderte. Er wurde „wegen verübter Frevel und unglücklich ausgefallener Anschläge" von Bischof Bruno gefangen genommen und mußte, „nach langer Fänknuß" eine Urfehbe abschwören, sich aller Lehen und Mitlehenschaften entschlagen und das Land verlassen. Seine zwei Söhne Heinrich und Ludwig blieben zwar im Lande und pflanzten ihr Geschlecht fort, konnten aber nie mehr zum Besitze der Veste kommen, selbst damals nicht, als im Jahre 1303 durch den Tod der Agnes von Aichach sie als ein erledigtes Lehen der Kirche von Brixen heimfiel. So waren sie gezwungen, mit ihren Nachkommen in fremde Dienste zu treten. Lienhard von Aichach, der Letzte dieses Geschlechtes, starb zwischen 1540 — 50 als Stadtrichter von Klausen. Im Jahre 1559 verlieh Kaiser Ferdinand das Wappen des nun erloschenen Geschlechtes der Herren von Aichach den Maiern von Freising auf Laien, als ihren weiblichen Nachkommen, da Katharina von Aichach, eine Tochter Lienhards von Aichach mit Georg Maier von Freising auf Laien vermählt war. Die Stammburg dieses einst so mächtigen Geschlechtes war das Schloß Aichach eine Viertelstunde südwärts von der Kirche zu St. Oswald, im Landgerichtsbezirke Kastellrut gelegen, — gegenwärtig nur mehr eine schauerliche Ruine, die kaum dem Pächter der noch übrigen Güter eine kümmerliche Wohnung bietet.

Willen seines Domkapitels und des Stiftvogtes Albert, Grafen von Tirol ergehen ließ. Da heißt es unter andern: Wenn einer jemand ermordet hat, ohne sich darüber recht und gesetzmäßig verantworten zu können, so soll er enthauptet werden. Hat einer einen andern verwundet, so soll ihm die Hand abgehauen werden, wenn er sich gleichfalls nicht verantworten kann. Entzieht sich Jemand wegen solcher Händel dem Gerichte, nachdem er ausdrücklich vorgerufen worden war, so soll der Richter all sein Hab und Gut in Beschlag nehmen, damit dem unschuldig Beschädigten Genugthuung leisten und alle, die den Frieden beschworen haben, sollen ihn verfolgen und wer ihn ergreift, soll ihn vor das Gericht stellen. Alle Kaufleute und Wanderer sollen auf offener Straße Frieden und Sicherheit genießen. Wer sie beleidiget, ihnen etwas nimmt oder verpfändet, ohne den Richter darüber befragt zu haben, der soll als Friedensstörer angesehen und als Straßenräuber bestraft werden. Kein Ritter, kein Knecht, auch niemand anderer darf ein Messer, einen zugespitzten Schild oder eine Lanze tragen. Wird Jemand ertappt, der ein spitziges Messer verborgen bei sich trägt, der soll die Hand verlieren. Innerhalb der Stadtmauern von Brixen soll jedermann, der Fremde sowohl als der Eingeborne, sein Schwert, sein Messer oder andere Waffen in dem Gasthause zurücklassen; thut er dieses auf die Ermahnung des Wirthes nicht, soll er dem Richter fünf Pfund bezahlen; ermahnt ihn aber der Wirth nicht, so hat dieser die Strafe zu erlegen. Wer einen andern die Haare ausrauft, ihn schlägt, abprügelt oder sonst ohne Blutvergießen mißhandelt, soll dem Richter zehn Pfund bezahlen. Jeder waffenfähige Mann soll den Frieden beschwören und alle, sowohl Männer als Weiber, sind zur Aufrechthaltung desselben verbunden. Jeder Ritter, der Einkünfte von 15 Mark hat, soll sich bis auf das nächstkünftige Fest der Erscheinung des Herrn ein gesatteltes Reitpferd einstellen. Auch ieder Knecht, der an Einkünften 15 Mark bezieht und ein eigenes Haus bewohnt, soll sich innerhalb der nämlichen Zeit ein gesatteltes Pferd einstellen. Dieser Friedensvertrag ist also errichtet, beschworen und bestätiget worden, damit alle Menschen, Reiche und Arme, Geistliche und Weltliche, Junge und Alte, Ruhe haben mögen. Wer immer denselben verletzt, soll als Meineidiger angesehen als ein sol-

4 *

cher mit dem Kirchenbanne belegt und von dem Richter, in deſſen
Bezirk er ſich aufhält, geächtet werden. Der Herr Biſchof und der
Herr Graf als Stiftvogt und alle übrigen ſollen ihn einhellig ver-
folgen und jeder, der ihm mit Rath und That Hilfe leiſtet, ſoll als
Friedensſtörer angeſehen und mit gleicher Strafe belegt werden.
(Aus der Sammlung des brixner'ſchen Hofkanzlers Barthl; Sinn.
Beitr. IV. S. 223). Dieſe energiſchen und ſtrengen Maßregeln
gegen die Gewaltthaten einzelner Ruheſtörer brachten die gewünſchte
Wirkung hervor, indem wir bis zum Jahre 1236 auch nicht die
leiſeſte Spur von einer Unruhe oder ſchreienden Ungerechtigkeit mehr
finden. Um ſo mehr müſſen wir uns über das Diplom verwun-
dern, das Kaiſer Friedrich II. in dieſem Jahre zu Brixen ausſtellte.
Er war am 24. Juli von Augsburg aufgebrochen, um durch unſere
Gebirge in die Lombardei zu ziehen, und da den Stolz der rebelli-
ſchen Mailänder zu demüthigen. Sein Kriegsherr beſtand aus 1000
Rittern, mit denen er anfangs Auguſt in Brixen ankam, wo er
oben genannte Urkunde ausſtellte, in welcher er ſagt: „Da wir
durch das Land unſeres geliebten Fürſten des ehrwürdigen Biſchofes
von Brixen mit unſerm ſiegreichen Kriegsheere gegen Italien durch-
zogen und uns häufige Klagen zu Ohren kamen, daß vielfältige
Schäden und Unterdrückungen verübt würden, ohne gerechte Abhilfe
zu erlangen, indem gegen die von allen Seiten anſtürmenden Miſſe-
thäter niemand zu finden wäre, der für die Handhabung der Gerechtigkeit Sorge trage, da auch die Domherren und Miniſterialen
von Brixen vorgaben, es werden die Rechte des Stiftes verwahr-
loſet, ſo beriefen wir den beſagten Biſchof vor uns und erkundigten
uns bei ihm, woher dieſer Mangel komme, da doch er gleich einem
Herzog die Gerechtigkeit im Lande verwalten ſollte. Zur Entſchul-
bigung ſtellte er die Zudringlichkeit der Bösgeſinnten, ſeine leibliche
Schwachheit und die Entkräftung ſeines Greiſenalters vor. Da wir
ihm nun den Rath ertheilten, er möchte einen Vorſchlag machen, wie
Armen und Reichen, Kleinen und Großen das Recht ertheilet, die
Gotteshausleute bei ſo vielen Unterdrückungen und Beſchwerden
vom ganzen Untergange gerettet und das Stift bei ſeinen Beſitzun-
gen erhalten werden könnte; ſo berathſchlagte er ſich mit den an-
weſenden Fürſten, ſo wie auch mit ſeinen Brüdern, dem Kapitel und

ben Ministerialen des Stiftes Brixen, und konnte, wie diese ihm alle einstimmig riethen, und ihre Bewilligung dazu gaben, keinen bessern Ausweg finden, als daß er unsere Hoheit demüthig bat, wir wollten die Stiftslehen, die er mit seinen Mitbrüdern dem Domkapitel und mit Wissen und Willen seiner Ministerialen ganz in unsern und des Reiches Schutz, Verwaltung und Sorgfalt mit allen Schlössern, Städten, Dörfern, Märkten, Ministerialen, eigenen Leuten und anderer Zugehörung aus so gerechter Ursache übergab, ohne Schaden des Stiftes bewahren lassen und dafür Sorge tragen, daß einer von unsern Richtern aufgestellt werde, der mit unserer und des Reiches Vollmacht allen Getreuen des Stiftes das Recht ertheile und erhalte. Dabei überlassen wir das Schloß Velbes unserm geliebten Fürsten dem Herzog von Kärnten, damit er es, so lang der Bischof lebt, zu seinem und des Stiftes Nutzen bewahre. Für seinen Unterhalt behielt sich der Bischof die Einkünfte eben dieses Schlosses Velbes und zwei Pflegämter, Anras und Lisenhoven vor, welche er Zeit seines Lebens zu seinem Gebrauch und seiner Nothdurft besitzen soll. Auf diese Art soll er unter kaiserlichen Schutz zu Brixen bei seiner Kirche und in seiner Stadt wohnen und seine geistlichen Rechte ausüben. Darüber hin versprach er, wenn indessen einige Güter oder Lehen der Kirche heimfallen würden, so wolle er dieselben nicht veräußern oder jemand andern verleihen ohne Einstimmung und Bewilligung des Domkapitels und unsern Getreuen, seiner Stiftsministerialen. Er wird auch weder diese Güter, noch jene, die er zu seinem Unterhalt Zeit seines Lebens sich vorbehalten, mit Schulden belasten oder wie immer dem Stift entziehen." — „Dies geschah bei Brixen im Jahre 1236 im Monat August, in der 9. Indiktion. Gegeben im Lager bei Brixen" (Sinn. Beitr. IV. 296 — 299). Drei Jahre nach diesem sonderbaren Akt kaiserlicher Gnade starb Heinrich und wurde wahrscheinlich nach seiner letztwilligen Anordnung in der Kirche der Klarisserinnen zu Brixen begraben, denen er, wie auch dem Stifte Neustift (I. 197) viele und große Wohlthaten erwies. Mit ihm erlosch die von Hugo III. gegründete Linie „der Herren von Taufers im Patriarchate Aquileja," während die anderen in den Söhnen Heinrich's I. Hugo IV., Ulrich I. und Heinrich II. und deren Nachkommen fortblühte. Hein-

rich II. starb 1239 kinderlos, Ulrich I. hatte von Abelheid von Wangen zwei Töchter, Euphemia Hugo's von Velturns Gemahlin, und
Sophia Klosterfrau, dann von 1233 bis 1254 Äbtiffin zu Sonnenburg. Hugo IV. kommt in den Jahren von 1214 bis 1246 in
sehr vielen Urkunden vor, von denen besonders zwei sehr merkwürdig sind; durch die eine übergibt er dem Stifte Brixen seine Besitzungen als Eigenthum, erhält sie aber als Lehen wieder zurück[21]);
durch die andern stiftet er im Jahre 1241 mit seiner Gemahlin
Abelheib das Spital zu Sterzing für 10 Kranke, das bald in eine

---

[21]) Der Inhalt dieser Vertragsurkunde (im Original mitgetheilt von
Hormayr Geschichte von Tirol II. Bd. S. 272) ist folgender: Heinrich der
Erwählte von Brixen macht bekannt, daß Herr Hugo von Taufers seine
eigenen Schlösser, nämlich Taufers und Uttenheim mit Einkünften von 40
Marken, die aus Bojen, Stein, Achernach und Riune zu beziehen sind, ihm
und seinem Stifte geschenkt, doch diese Schlösser sammt denselben Einkünften, von ihm, dem Bischof, wieder zu Lehen erhalten habe, welches Lehen
der Kirche wieder geöffnet würde, wenn Hugo ohne Sohn oder Tochter
dahin sterben sollte. Zugleich schenkte er auch dem Stifte Brixen alles, was
Stiftminiſterialen oder feine eigenen Leute von ihm zu. Lehen haben und
ihm mit Eigenthumsrecht zugehört. Aber auch dieses wurde ihm wieder zu
Lehen gegeben. Hingegen, sagt der Bischof weiter, haben wir und unser
Stift dem Hugo noch ferner zu Lehen verliehen die Einkünfte von 38 Marken; nämlich den Hof zu Uttenheim mit dem Zehent in der Pfarre Taufers,
drei Schwaighöfe zu Cefen, den kleinern Hof zu St. Georgen, eine Hube
zu Stegen, einen Hof zu Montan, zwei Schwaighöfe zu Riesbach vier
Schwaighöfe zu Prages und die Besitzungen der Frau Maria, die wir von
ihr erkauft haben, mit Gütern und Leuten. Stirbt Hugo und hinterläßt
er einen ehelichen Sohn, so soll dieser dem Vater in jenem Lehen, dessen
Eigenthum er nun der Kirche geschenkt, ganz, in den übrigen nur zum Theil
nachfolgen. Umständlich wird nun angezeigt, wie es zu halten sei, wenn
Hugo mehrere Söhne, eine oder mehrere Töchter bekäme. Alsdann sagt die
Urkunde weiter, schworen die Hauptleute der besagten Schlösser in Gegenwart ihres Herrn, daß sie nach dem Tode desselben oder dessen Erben diese
Schlösser uns oder unserm Nachfolger übergeben wollen, wozu auch des
Hugo Lehenritter und ihre Söhne verhülflich zu sein, mit einem Eidschwur
versprachen. Ferner gab Hugo das feierliche Versprechen ab, er wolle, wenn
das Stiftgebiet von einem Auswärtigen, oder wäre es auch ein Inländer,
wenn es nur kein Stiftsministerial wäre, feindlich angefallen würde, dasselbe vertheidigen helfen. Wider einen Stiftsministerial auszuziehen wollte
er jedoch durch diesen Eid nicht gebunden sein, wenn nicht ein gesetzmäßiges
Urtheil wider ihn gefällt würde. Dafür verspricht auch der Bischof, den
Hugo als seinen Ministerialen in seinem Rechte gegen wen immer zu be-
schützen und zu vertheidigen. (Sinn. Beitr. Bd. IV. S. 198).

Deutfchordens-Kommende umgewandelt wurde Diefe feine Gemahlin
war aus dem Gefchlechte der Grafen von Hirfchberg; die erfte, Maria,
foll eine Tochter des Bogtes Egino von Matfch gewefen fein, von
der er keine Kinder hatte. Seine Kinder aus zweiter Ehe waren
Euphemia, Gattin Alberon's von Wangen, Abelheib, in erfter Ehe
mit Graf Bertholb von Efchenbach in zweiter mit Graf Bertholb
von Hertenberg vermählt; Hugo V., 1244 in einer Urkunde erwähnt
und ausbrücklich der Junge genannt, ftarb kinderlos, wie fein Bruder Conrad um 1250; alle diefe überlebte ihr Bruder Ulrich II., der
fehr oft in brixner'fchen und neuftift'fchen Urkunden vorkommt (I.
247, 253. II. 317, 327, 328, 329); er war mit Euphemia,
Gräfin von Eppan vermählt und erhielt durch fie reiche und an-
fehnliche Befizungen [22]). Seine Kinder waren: Elifabeth, anfangs
mit einem Herrn von Schönberg oder Schauenberg vermählt oder
wenigftens verlobt, nachgehends einige Jahre in dem Klariffer-Klo-
fter zu Brixen in ftiller Einfamkeit lebend, dann felbft Klofterfrau
und Abtiffin in dem neuerrichteten Klofter diefes Ordens zu Meran
und Agnes Klofterfrau und Abtiffin nach dem Tode ihrer Schwefter
im nämlichen Klofter. Die Söhne waren Hugo VI. und Ulrich III.
Hugo VI. (auch Haug, Hauch) fchwor 1301 „feinen Herren Herzogen Otto, Ludwig und Heinrich, den Herzogen von Kärten
getreu zu bienen und zu warten mit feinen Beften, mit Leuten und
mit Gut. So haben feine Mutter und zwei Schweftern und mit
ihnen feine Leute Magenes von Uttenheim, Bolker von Kemmaten,
Heinrich Würfung, Bertholb von Uttenheim, Gottfchalk von St.

---

[22]) Die lunae secundo exeunt. Decemb. anni 1270 apud Lengenmos
in domo nova fratrum teutonicorum de Lengenmos ibidem coram Domino
Egnone episcopo tridentino venerunt fratres domus Teutonicorum, videlicet frater Dietricus de Wibelchoven, praeceptor Baxle Baucanensis, pe-
tentes nomine Hospitalis s. Mariae in Wihtal prope Sterzingam, ut ipse
Dominus episcopus dicto Hospitali dignetur conferre jus Patronatus Ca-
pellae sancti Petri et sanctae Magdalenae apud Eppianum, donante et
consentiente Ulrico de Tuvers tamquam vero haerede de Eppiano. Quibus Episcopus respondit dicens, plures esse haeredes, qui jus habent ad
eandem Capellam videlicet Domini Montfort et dominus Ezelinus de Enna,
quorum jus non licet infringere; tamen pro parte dicti Ulrici de Tuvers
illos cum uno libro investivit. (Bonelli not. stor. di Trento vol. II.
fol. 607).

Mauritzen geschworen und gelobt." (Ex arch. oenip. Primisser.)
Im nämlichen Jahre gelobt er und seine Mutter dem Erzbischof
Konrad von Salzburg „getreuliche Burghut des Schlosses Leng-
berch, wie das seinem Vater und ihrem Gemahl „tanquam Burg-
gravia ecclesiae salisburgensis olim comissum fuit." (Hormayr).
Hugo VI. wohnte seit 1306, als er mit seinem Vetter Ulrich IV.
die Besitzungen getheilt hatte, immer zu Neuhaus in der Pfarre
Gaiß, wo er im Jahre 1309 starb mit der Anordnung, das sein
Leichnam bei den Klosterfrauen zu Brixen beerdiget werde, wenn
nicht, was er sehnlichst wünschte, ein Klarisser-Kloster in Taufers
selbst zu Stande käme. Es mag sein, daß mit dem Bau eines
solchen Klosters im Tobel auf dem Wege nach Rein der Anfang
gemacht wurde und daß die dort noch vorhandenen Ruinen sich
daher schreiben. Ein urkundlicher Beweis ist jedoch nicht aufzu-
bringen, ob wirklich ein Kloster im Tobel errichtet wurde. Nach der
Sage des Thalvolkes soll dort, wo die Burg Kofel stand, ein Frauenkloster wirklich bestanden haben; der kleine Convent aber, nachdem das Kloster einmal ausgeraubt, dann bald darauf durch eine
Feuersbrunst zerstört worden, in das Schwesterkloster nach Meran
übersiedelt sein. Bei seinem Hinscheiden hinterließ Hugo die Witwe
Margreth, eine Schwester Friedrich's, Grafen von Truchenbigen,
und eine einzige Tochter Agnes, Gemahlin Konrad des Jüngern,
Grafen von Kirchberg [23]; welche ihren Antheil an den Schlössern

[23] Die alte bairische Grafschaft Kirchberg begriff aus dem alten
Burgau die beiden Kapitel Weißenhorn (Grafschaft Kirchberg) und Oher-
roth (Grafschaft Wullenstetten) mit Ausnahme von Roggenburg, also haupt-
sächlich das ganze rechte Illerufer, von Kallmünz bis zu ihrem Einfluß in
die Donau. Die ältesten Grafen von Kirchberg, welche blos die Grafschaft
im Kapitel Weißenhorn besaßen, waren Stifter des Klosters Wiblingen bei
Ulm (1099) und erloschen 1220, worauf das Land an die Erbtochter des
letzten Grafen Wilhelm, die Gemahlin Albrecht's von Burgau fiel. Dessen
Tochter Bertha heirathete 1226 einen Grafen von Wullenstetten, die gleichen
Stammes mit den Grafen von Grüningen und Landau waren, wodurch also
ein neues regierendes Haus Kirchberg und Wullenstetten entstand. Ein solcher Graf von Kirchberg war Bruno, ein Bischof und Fürst, wie ihn die da-
malige Zeit 1249 — 1288 verlangte (I. 142, 281; II. 317, 319, 320, 321.
323, 324, 329, 330, 331, 333, 334, 335, 336, 339, 340, 345, 349, 356, 363,
369, 373, 374, 375, 378, 380, 381, 387 388, 389, 393, 399. III. 695, 696,
598). Seine Brüder waren die Grafen Eberhard (II. 320, 323, 333, 335,

Taufers und Uttenheim im Jahre 1315 an Heinrich, König von
Böhmen, Landesfürsten von Tirol, um 3000 Mark Perner verkaufte,
der dem Conrad Arberger diesem lehenweise überließ. Es ist eine
falsche Behauptung, wenn einige Geschichtschreiber sagen, in diesem
Kaufe sei die ganze Herrschaft Taufers mit einbegriffen gewesen;
dieses geht aus einer Urkunde vom Jahre 1326 hervor, in der es
unter andern heißt: „daß anstatt Friedrich von St. Maurizen gesigelt habe — Ulrich III. von Taufers, sein Herr und Conrad von
Arberg, auch sein Herr." Dieser Ulrich, in erster Ehe mit einer
Schwester Friedrichs, des Grafen von Ortenburg, bei der er keine
Kinder hatte, vermählt, sendet im Jahre 1286 dem Bischofe Heinrich
von Trient seine Lehen auf [24]) und heirathete nach dem Tode seiner
ersten Gattin die Tochter des edlen von Bianchini von Camino in
Friaul, mit der er einen Sohn Ulrich IV. erzeugte, der nach kinder-
loser Ehe mit Katharina einer Tochter Albert III., Grafen von
Görz zu Tirol im Jahre 1337 im Schlosse Neuhaus mit seinem
Tode die Reihe der mächtigen Herrn von Taufers schloß. Auch
dieser Antheil der Herrschaft Taufers kam nun an die Grafen von
Tirol, welche diesen ebenfalls obigem Conrad von Arberg als Lehen
übergaben, obgleich Brixen die ganze Herrschaft Taufers in Folge
der 1225 durch Hugo IV. gemachten Abtretung als Stiftslehen an-
sprach. Nach Conrad besaß Peter Arberger, sein Sohn, Taufers
zum Saß, der wie Johannes von Kiens, Pfarrer in Pfalzen, 1363

388, 393, 403) und Conrad von Kirchberg (II. 336). Dies Geschlecht bestand im
Jahre 1295 aus vier Linien: Kirchberg; Berneck, Brandenburg, wozu die
Stadt Dietenheim gehörte und Neuhaus bei Illerzell. Im Jahre 1303 ver-
kaufte Graf Ulrich, der ältere vom Berg, der sich von Schelklingen nannte,
mit seinen Söhnen Ulrich und Heinrich die Grafschaft Holzheim und die Burg
Pfaffenhofen um 700 Mark Silber an Oesterreich. Von Oesterreich erkauf-
ten sie die Fugger, welche sie durch die Mediatisirung an Baiern übergaben.
(Lang, Baierns alte Geschlechter S. 360 — 365).

[24]) Anno 1286, 14. Cal. Januarii sendet Ulrich von Taufers dem
Bischof Heinrich von Trient alle jene Lehen auf, welche „quodam viri nobi-
les, domini Siboto et Conradus, Comites de Hademarsperch ab Ecclesia
tridentina tam intra quam extra montes tenuerunt in feudum, de quibus
ipse fuit per praedecessorem investitus bonae memoriae" — mit der Bitte,
elbe „magnifico duci Bavariae, Principi domino meo Ludovico, illustri
comiti palatino Rheni et suis haeredibus" — zu verleihen. (Actum Rat-
tenberg 1286).

Oesterreichs Interesse in Tirol beförderte (sieh' Kiens) und in der Schlacht bei Sempach ohne Nachkommenschaft fiel. Vor seinem Abzuge in die Schweiz unterhandelte er mit seinem lieben Freunde Rudolph dem Laßberger, der auch unter jenen Edlen war, die dem Erzherzog Rudolph IV. im stürmischen Winter des Jahres 1363 über den Krimler Tauern halfen, wegen seiner Besitzungen in Taufers dahin, daß er „der Laßberger diese unter gewissen Bedingungen haben solle, falls er mit dem Leben nit heimkere." — Im Jahre 1407 haben die Brüder Erasmus und Augustin, die Burggrafen von Lienz, dem Rudolph Laßberger um M/₁₁ (11,000) fl. die Veste und das Gericht Taufers abgelöst, das er von den Herzogen Leopold, Ernst und Friedrich von Oesterreich in Satz gehabt und „haben mit ihnen gesigelt Ulrich von Weißpriach und Christoph von Welsperg, der Burggrafen Vettern — Actum Wien." Herzog Sigmund versetzt 1456 dem Cardinal Bischof Nikolaus von Cusa die Veste Taufers sammt Gericht um 15,000 fl. und 1200 Dukaten mit Vorbehalt der Wiedereinlösung. Doch schon 1460 verzichtet der Bischof und sein Kapitel auf die Herrschaft Taufers. Im Jahre 1462 schließen Herzog Sigmund und Leonhard Graf von Görz einen Erbvertrag, worin ersterer dem letztern auf Erlöschen des Mannesstammes die Herrschaften Taufers und Velturns, dieser hingegen für solchen Fall alles verschreibt, was er in Kärnten und Pusterthal besessen. (Schatz-Archiv.) Kaiser Max versetzt die Herrschaft Taufers 1504 dem Hans Christian und Sigmund Finger um 27,400 fl. auf ewige Wiedereinlösung, die sich da nun einen neuen Ansitz, Neu-Melans genannt, erbauten, auf dem ihre Nachkommen mehr als hundert Jahre gesessen. Hierauf kam Taufers an die Freiherren von Wolkenstein in Rodeneck, dann an Ludwig von Berghofer, die beide nur Pfandinhaber waren. Im Jahre 1685 ward Pflege, Gericht und Herrschaft Taufers dem Hieronymus Grafen von Ferraris gegen einen Gelderlag von 70,000 fl. zu Lehen überlassen. Die wirkliche Belehnung erfolgte jedoch erst 1689 (Leh. Arch.). Seit dem die Grafen von Ferraris Gerichtsherren geworden, kam das Schloß, das schon im Jahre 1481, wie es eine Aufschrift am Schloßthore besagt, ganz umgebaut werden mußte, allmälig in

Verfall; denn weder sie noch ihre Pfleger, die es nicht bewohnten, kümmerten sich um dasselbe. (Staffler Tirol. u. Vorarlb. II. Bd. S. 249.)

Dienstmannen der Herren von Taufers.

Das Dorf Taufers, mit dem Kollektiv-Namen so bezeichnet, ist durch die Ache in zwei Dörfer geschieden; jenes am rechten Ufer heißt Sand, und der Häuserverein am linken Ufer St. Moritz. Hier saßen die „Edlen von St. Moritz, „de sancto Mauritio," welche zwar schon im Jahre 1271, 1278, 1281 als Dienstleute der Herren von Taufers — „de familia domini Hugonis de Tuvers" (II. 329) erschienen, sich aber nie irgendwie in der Geschichte bemerkbar machten. Um das Jahr 1299 nennt sich Conrad von St. Mauritzen in der Urkunde, durch welche er bestätiget, daß er vom Kloster Sonnenburg das Gut Fuchsberg als Zinslehen erhalten habe, „der Prüstle," ein Beiname, den seine ganze Nachkommenschaft, die mit Jakob von St. Moritz im das Jahr 1375 erlosch, beibehielt. Neben diesem saß zu St. Moritz gleichzeitig noch ein anderes Adelsgeschlecht, welches sich auch „von St. Mauritzen" nannte, jedoch mit dem Beinamen „der Galle." Gewöhnlich hält man beide Geschlechter für eines und dasselbe; dem dürfte jedoch nicht so sein, „denn 1328 verkauft Heinrich von St. Mauritzen der Galle sein Ansidl niederhalb des Hauses zu Taufers dem Jakob von Luttach um 60 Mark Perner mit Willen einer Hausfrau Adelheid, einer Tochter des Rembert von St. Lambertsburg. Darum der edel Herr Ulrich von Taufers und mein Sohn Friedrich gesigelt." Dieses Wappen Friedrichs von St. Mauritzen, des Gallen, zeigt zwei über das Kreuz geschlagene Arme, während das der Herren von St. Mauritzen, der Prüstlen, ein aufrecht stehender Löwe ist. —

Die ebene wohleingehaltene Straße leitet südwärts von Taufers am rechten Ufer der Ache durch die breite Thalsohle in einer halben Stunde zum Dorfe Mühlen, welches sich an den nördlichen Abhang der Thalöffnung gegen Mühlwald lehnt. Dieses Dorf umschließt die uralte Filialkirche der h. Katharina, zu welcher die Edle Barbara aus dem Geschlechte der von Wirsung (Würsung,

Würsung), welche hier ihren Ansitz hatten, im Jahre 1497 als Witwe des Wilhelm Fuchs von Fuchsberg ein Benefizium stiftete. Wenn der Taufname Wirsungus, wie Andreas Zippock behauptet, die Veranlassung zum Geschlechtsnamen gegeben hat, so mußte dieses nicht erst 1240, wie er behauptet, sondern viel früher geschehen sein, da im Jahre 1181 die Brüder Heinrich und Siboto unter dem Geschlechtsnamen Wirsung de Tufers vorkommen, (I. 131). Ich bin der Meinung, daß der Vater dieser zwei Brüder Wirsungus geheißen und seine Nachkommenschaft seinen Taufnamen als Geschlechtsnamen angenommen habe, ein Fall, der sich bei mehreren Familien unseres Vaterlandes zeigt. Heinrich Würsung von Mühlen wird 1296 „servus fidelis Hugonis de Tuvers" und 1298 „miles strenuus atque fortis" genannt. Ein anderer Heinrich war Pfleger und Hauptmann zu Bruneck und stiftete 1396 in der Frauenkirche daselbst für sich und weiland seine Hausfrau Agnes von Aichach einen Jahrtag mit 10 Priestern. Sein Enkel Laurenz Würsung „Ritter und Oberst der kaiserlichen Völker" unter Kaiser Maximilian starb als der letzte dieses Geschlechtes. Das Wappen dieser Edlen, welches sie immer unverändert beibehalten, ist eine weiße Perlhenne, welche sie auf dem Helme und Schilde führten.

Auf der Thalstraße gegen Süden, $1\frac{7}{8}$ Stunde von Taufers, dem Hauptorte des Thales, trifft man das Dorf Uttenheim, das schon im Jahre 893 villa Uttonis in brixner'schen Urkunden genannt wird. Hoch oben auf einem wüsten und schroffen Felsen des westlichen Griesberges $1\frac{1}{4}$ Stunde ober dem Dorfe erblickt man nicht ohne Schauer die Trümmer des Schlosses Uttenheim mit der verlassenen St. Valentinskapelle. Zwei Pfade führen da hinauf, der eine östlich über einen sehr steilen Anstich, die Katzenleiter genannt, der andere südlich durch ausgehöhlte Felsen. Die Reste des Schloßes haben sich die Bauleute zur armseligen Wohnung eingerichtet. Einst war es die Stammburg der Herren von Uttenheim, von denen schon im Jahre 1070 in mehreren Urkunden unter dem Namen „domini de Outinheime" Erwähnung geschieht; (Annal. Saec. X. 413, 715 Resch)); allein im Jahre 1140 erscheinen sie gleichzeitig mit den Herren von Taufers als deren Lehensträger, (milites, armigeri). Ob sie durch unglückliche Fehden oder aus andern Ursachen

das Eigenthumsrecht auf ihre alte Stammburg verloren haben, kann
nicht bestimmt gesagt werden; wohl ist es aber gewiß, daß sie niemals mehr ihre alte Burg besaßen, sondern daß sie im Dorfe
Uttenheim das „Ansibl an der Brücke (den heutigen adeligen Ansitz
Stock) und das Gut an der Lahne bewohnt haben; von diesem
letztern führten sie den Beinamen: „ob der Lane." — Nebst diesem
führten sie auch noch andere Namen, ohne daß wir die Ursache
davon angeben können Im Jahre 1155 und 1175 kommt ein
Wilhelmus de Uttenheim in den Urkunden des Stifts Wilten und
Neustift (I. 46, 82) als Zeuge vor. Eben so finden wir im Jahre
1179 einen Merboto von Uttenheim als Zeuge, da Uolschalk von
Reifenstein einen ansehnlichen Hof, den er in Taufers als Eigenthum besaß, auf den Altar der h. Maria zu Neustift als Opfer
brachte (I. 127). Im nämlichen Jahre schenkte Chunrad von Uttenheim sein Landgut in Weißenbach demselben Kloster (I. 128). Wer
von diesen drei der Stammvater dieses Geschlechtes war, können
wir aus Mangel an Urkunden nicht mit Bestimmtheit sagen; dies
ist uns erst möglich mit Ulrich von Uttenheim, der sich „Hueber"
nannte und mit seinen zwei Brüdern Chunrad (I. 233, 263) und
Hiltegrim (I. 262. II. 326) als „miles domini Hugonis de Tufers"
zwischen 1250 und 1278 genannt wird. Ulrich stiftete die Linie
der Edlen von Uttenheim, die sich auch, „ob der Lane" oder „Winther" nannte. Sie erlosch mit Conrad IV. um 1388. Heinrich,
Hiltegrims Sohn, nennt sich 1278 „der Ambringer" und wurde
der Stammvater jener Linie, die sich „Ambringer" nannte; sie starb
mit Hans Ambringer, der 1410 Gottesdienste in Uttenheim stiftete,
aus. Andreas Zippock hält dieses Geschlecht der Ambringer nicht
für das nämliche mit dem der von Uttenheim, sondern meint, die
Ambringer seien ursprünglich in Baiern seßhaft gewesen, wo zu
seiner Zeit noch ein Geschlecht dieses Mannens blühte, und ein Zweig
desselben sei aus uns unbekannten Gründen nach Tirol ausgewandert. Dieser Meinung können wir nicht beipflichten, denn das
Wappen der Herren von Uttenheim und das der Ambringer ist ganz
gleich, wie dieses die auf Wachs gedruckten Sigel in den Urkunden
von 1286, 1296, 1362, 1385 und 1410 deutlich beweisen. —
Das Dorf Kemathen im Thale Taufers am linken Ufer der Ache

beſetzt die Ebene am Fuße des Kemather Berges eine halbe Stunde ſüdweſtlich von Sand. In der Mitte des Dorfes ſteht ein Edelſitz, im Stock genannt. Hier hatte ein altes Edelgeſchlecht, das den Dynaſten von Taufers lehenspflichtig und dienſtbar war, ſeinen Sitz. „Chunrad von Chemenat“ wird (I. 192) ausdrücklich „de familia domini Hugonis de Tufers,“ genannt, wie auch ſein Sohn Otto (I. 233). Auch Volker nennt ſich ſelbſt „miles domini Hugonis de Tuvers,“ als er im Jahre 1236 in ſeinem und ſeines Enkels Conrad Namen einen Weingarten „im Keller“ zu Gries bei Bozen verkaufte und Hugo dieſe Veräußerung beſtätigte. Später nannten ſich dieſe Edlen „Zant oder Zandel von Kemathen, die mit Jakob Zant 1429 ihr Geſchlecht beſchloſſen. Dieſer Beiname Zant war die Urſache, daß die von Kemathen von mehreren vaterländiſchen Genealogen mit „den Herren von Sterzing“ verwechſelt wurden, die, wie ganz anderer Abſtammung, auch ein ganz anderes Wappen führten. Südlich von der Einmündung des Geilbaches in den Eiſack ſtützt ſich das Dorf Elzenbaum an den Fuß dunkler Schattenberge, ⁷/₈ Stunden von Sterzing entfernt. Vom Ausgange des Mareiter Thales ſtreicht eine Hügelreihe in ſüdöſtlicher Richtung mitten durch den Moorgrund. Eine Kuppe derſelben nordöſtlich von Elzenbaum trägt das grauſe, verwitterte Schloß Reifenſtein mit Zugbrücke und Fallthurm. Am Fuße dieſes Hügels ragt ein alter, allem Unwetter trotzender Thurm empor, den einſt die Zant von Sterzing, wie ſie ſich nannten, bewohnten. Es kommt 1175 ein Conrad Zant, als Zeuge des Biſchofs Heinrich von Brixen vor; den einige als Stammvater dieſes Geſchlechtes annehmen, doch ohne Grund, indem alle Beweiſe für eine ſolche Behauptung mangeln. Wohl aber iſt es urkundlich erwieſen, daß Wilhelm und Griſo, Vater und Sohn „die Zant“ den oben beſchriebenen Thurm innehatten. Friedrich Zant, welcher durch ſeine Mutter Machtild, die einzige Tochter Ortolfs von Reifenſtein, dieſes Schloß erbte, ſtarb um das Jahr 1365 als der Letzte ſeines Stammes. Durch ſeine älteſte Tochter Anna, vermählt mit Johann von Säben, kam Reifenſtein an die Säbner.

Die Fortſetzung des Tauferer Thales iſt das Arnthal, welches gleich hinter dem Schloſſe Taufers beginnt. Die erſte Gemeinde,

der man im Thale Ahrn begegnet ist Luttach (in alten Urkunden
Lugbach, auch Luchebach genannt), ein Dorf an der westlichen Thal-
seite gelegen. Das gegenwärtige Wirthshaus war einst der Edelsitz
oder Stock der von Luttach, deren Stammvater zwischen den Jahren
1225 und 1250 als Dienstmann, miles, armigera der Herren von
Taufers erscheint. Ob Heinrich (I. 233) und Ulrich (I. 254) seine
Söhne oder seine Brüder waren, ist ungewiß. Dieses Geschlecht,
das sich [wenig bekannt gemacht hat, erlosch mit Sigmund, Pfleger
auf St. Lambertsburg. —

Ahrn,

in Urkunden Ourin, Ouwern, Aerina, Eurn und vallis aurea genannt, hatte in frühester Zeit ein eigenes selbstständiges und unab-
hängiges Adelsgeschlecht. Der Stammesherr ist ohne Zweifel Wernher de Owern, welcher 1147 das erstemal vorkommt und als Zeuge
in den Urkunden (I. 12, 14, 21, 25, 28, 31, 37, 49, 50, 52, 53,
74, 124, 137) erscheint; nach den Urkunden (I. 35, 88, 100)
ist er ein besonderer Wohlthäter von Neustift. Er hatte seine
eigenen Dienstmannen, milites, von denen im Saalbuche mehrere
genannt werden: Chunradus, miles Wernheri(I. 21, 25, 35, 88);
Chuno (I. 35) Markwart (I. 35); Regenboto (I. 35); Sigeboto
(I. 88); Swiger (I. 35); Wernherus (I. 88). Er trat als frater
conversus in das reich von ihm beschenkte Stift ein, wo er am
28. November 1160 starb, wie das alte Necrologium sagt (III. 434).
Nach diesem wäre auch seine Gattin Irmingard ihm als soror conversa in das für Büßerinnen in Neustift gegründete Büßerhaus
eingetreten; denn es heißt ausdrücklich im uralten Todtenbuche:
„Irmingardis, uxor Wernheri de Owern, conversa collegii nova-
cellensis obiit die 21. Aprilis anni 1161." Wernher hinterließ vier
Söhne: Karl schenkte der h. Maria zu Neustift einen Hof zu Runke
(I. 124. III. 416); Warmund erscheint als Zeuge bei dieser Schenkung seines Bruders, wie auch Wernher, der drittgeborne Sohn,
der als Domherr von Brixen dem Domkapitel einen Hof zu Alserit
schenkte. Lange Zeit war er Erzpriester und gab als solcher dem
h. Kreuzspital zwei Güter zu Tises und im Einverständnisse mit

feinem Bruder Warmund ein Gut mit einem Weinberge in Albiunes. Der vierte Sohn Werners war Luitolf, der mit dem Vater nur einmal genannt wird und in der Jugend starb. Von dem einstigen Ansitze der Edlen von Ahrn läßt sich auch nicht die leiseste Spur angeben; ebenso können wir auch von den fernern Schicksalen dieses Geschlechtes nichts sagen, da uns die hiezu nothwendigen Urkunden fehlen.

Rasen.

Hoch über dem rechtseitigen schroffen Felsenufer der wildschäumenden Rienz tritt die Poststraße mit Uebersetzung des Bächleins von Rasen im Zuge gegen Osten 1½ Stunde von Brunecken in das Gebiet des Gerichtes Welsberg, insbesondere der Gemeinde Niederrasen. Nördlich eine Viertelstunde ober der Windschnur auf einer sanft erhabenen, vom Antholzerbache bewässerten Ebene am Eingange dieses Thales hat sich sehr freundlich das Dorf Niederrasen angesiedelt. Dem Dorfe ganz nahe an der Ostseite des Gebirges ragt die Ruine von Altrasen auf, der Stammburg des uralten Geschlechtes der Edlen von Rasen, in lateinischen Urkunden „de Rasina, Resene, Raesene" genannt. Hier saß Adalbert, der in mehreren Urkunden des Stiftes Innichen und Sonnenburg zwischen 1130 und 1143 theils als Zeuge, theils als Wohlthäter erscheint. Ob Ulrich, der an Neustift einige Aecker schenkt (1160) ein Sohn Adalberts und Bruder Marquards war, der sich 1154 zwar auch „de Resina" nennt, ohne vielleicht zu diesem Geschlechte gehört zu haben, ist ungewiß. Ebenso wissen wir nicht, wessen Sohn Warmund war, der mit seinem Bruder Werinher in den Jahren 1176, 1179, 1197, 1205, 1218 öfters genannt wird. Werinher war Domherr und Erzpriester von Brixen und dürfte sehr wahrscheinlich der nämliche Werinherus sein, der um diese Zeit Pfarrer in Olang und urkundlich ausdrücklich Domherr von Brixen genannt wird. Erst mit Ulrich können wir mit Sicherheit das Geschlecht der Edlen von Rasen bis zu seinem Aussterben verfolgen, da wir von ihm (I. 202, 205, 243. II. 320, 340, 345. III. 628, 631, 658, 697) und seinen Nachkommen viele Urkunden haben (I. 18, 54, 74, 75,

145, 151, 223, 247, 291. **II.** 341. **III.** 497). Er wurde von seinem Neffen Rudolph „mit Krieg überzogen" aus uns unbekannten Gründen, wahrscheinlich aber glaubte sich letzterer bei der 1246 vorgenommenen Gütertheilung verkürzt. In dieser Fehde wurde Rudolph besiegt und gefangen genommen. Im Jahre 1248 wurde auf dem Domchor zu Brixen in Gegenwart eines zahlreichen Adels unter dem Vorsitz des Bischofes Egno zwischen Ulrich und Rudolph Friede geschlossen; letzterer mußte einen Schadenersatz von tausend Pfund Perner leisten; deswegen seine Güter verpfänden, für sein ruhiges Betragen Bürgen stellen und eine Urfehde abschwören. Bei dieser Gelegenheit scheinen die Grafen von Görz in den Besitz von Altrasen gekommen zu sein. Zum Glück hat der nämliche Ulrich schon im Jahre 1230 Altrasen gegenüber, an der sogenannten Linden, gegenwärtig einem westlich vom Dorfe gelegenen Weiler, auf brixner'schen Grund und Boden eine neue Veste gebaut und sie Anastasienberg oder Neurasen genannt. Laut eines Vertrages, den Bischof Egno von Brixen im Jahre 1241 und Graf Albert von Tirol abgeschlossen hatten, sollte zwar das Schloß Mons s. Anastasiae, nebst Sprechenstein im Wippthale und noch manch' andere neuerbaute Schlösser geschleift werden. Da aber Sprechenstein nicht zerstört worden, folglich auch laut Vertrag die Burg Ulrichs von Rasen in solchem Falle so lange als Sprechenstein bestehen durfte, so entging Neurasen der Zerstörung. Ulrich war ein großer Wohlthäter von Neustift: „Sciant filii ecclesiae, quod dominus Ulricus de Resen vir strenuus et honestus, liberali donatione dedit ecclesiae novacellensi curiam unam super Aspach pro remedio uxoris suae Agnetis, ut ipsa gaudeat in aeterna beatitudine. Dedit etiam nobis in eodem monte aliam curiam pro expensis habitis in exequiis uxoris suae beatae memoriae." (I. 205). Im Jahre 1266 schenkte er an das nämliche Stift ein Haus mit den dazu gehörigen Gütern (II. 340), das zum bischöflichen Marstall gehörte (quae area ad stationem sive locationem equorum curiae episcopalis, quod vulgo marstall dicitur) mit Bewilligung des Bischofes Bruno und im Einverständnisse mit seinen Söhnen, Wilhelm und Arnold, welcher in erster Ehe mit Euphemia von Anras und in zweiter mit

einer Schwester Heinrichs von Aufenstein[25]) vermählt war, durch
die er reiche und große Besitzungen erwarb und so die sinkende
Macht seines Hauses wieder hob. Sein Sohn Ulrich von Rasen
übergab (II. 345) im Jahre 1286 dem Kloster Neustift zwei Höfe
auf Albions bei Laien gelegen, da er im Begriffe war, nach Oesterreich zu reisen, unter der Bedingung, daß im Falle seines Todes
der Propst von Neustift seinen Jahrtag mit 16 Priestern begehe,
und einem jeden „quinque solidos veronenses et prandium delica-
tum" gebe. Seine Enkel Johann und Conrad von Rasen übergaben ihr Erbe an das Hochstift Brixen, von dem es Eramus, der
Sohn Johann's und seine Nachkommen zu Lehen empfingen, die
mit Kaspar, 1549 in Innsbruck gestorben, erloschen.

Welsberg.

Von Bruneck führt die Straße gegen Südost in vier Post-
stunden meistens am rechten Ufer der Rienz zum Dorfe Welsberg,
früher Zell unter Welsberg oder auch Zell am See genannt, das
sich mitten in der Thalsohle ausbreitet. Eine halbe Stunde ober
diesem Dorfe, auf ziemlich steiler Anhöhe des nördlichen Mittelge-
birges, wo sanfte Hügel mit schönen Saatfeldern angenehm wechseln,
ruht das beträchtliche Dorf Taisten mit einer Pfarre unter dem

[25]) Die Edlen von Aufenstein gehörten zu den angesehensten Geschlechtern in Kärnten, wo sie die Herrschaft Bleiburg an der Feistritz besaßen — mit dem alten Stammschlosse Aufenstein, weshalb sie in ihrem Wappen eine auf drei grünen Hügeln stehende Eule führten, die in der dortigen
Volkssprache Aufe genannt wird. Wie diese Familie nach Tirol gekommen,
wo sie sich am Eingange des Navisthales zwischen Matrei und Steinach auf
steiler Anhöhe die mit ihrem kärntnerischen Stammschlosse gleichnamige Burg
Aufenstein erbauten und bewohnten, läßt sich nicht ermitteln. Wenn einer alten
Sage vom Ursprunge des Ecce homo Bildes in der Pfarrkirche zu Matrei
Glauben zu schenken ist, so lebte schon 1210 auf dem Schlosse Aufenstein ein
frommer Ritter, Namens Heinrich, der auf einer Pilgerreise in das heilige
Land dort ein uraltes Bild des leidenden Heilandes sah, das unter dem
Namen „unser Herr im Elend" in großer Verehrung stand. Gerührt von
dem Anblicke dieses Bildes ließ er sich eine getreue Kopie desselben verfer-
tigen und brachte es mit sich auf das Schloß zurück, von wo es in der
Folge in die Pfarrkirche zu Matrei übersetzt wurde. —

atronate der Grafen von Welsberg. Im Umfange dieser Gemeinde
ndet man nebst mehreren ritterlichen Bauwerken das Schloß Wels-
rg, welches ohne Zweifel die Stammburg des nachhin so berühm-
n Geschlechtes der Herren, Freiherren und Grafen von Welsberg
ar. Nach Stumpf sollen die Brüder Otto und Schwikher von
Belfesberg, Sprößlinge des mächtigen Stammes der Welfen, das-
lbe im Jahre 1140 erbaut haben. Bei den Schenkungen des
ligen Hartmann zu Gunsten des Klosters Neustift kommt ein Hein-
ch von Welfesberg als Zeuge vor (I. 19), gewiß einer der ersten
ieses Hauses. Ebenso finden wir um dieselbe Zeit Otto und
chwikher, theils als Zeugen bei Schenkungen, theils als Wohl-
)äter des Klosters selbst. (I. 9), so daß wir Otto I. als ben
rkundlich erweisbaren Stammvater dieses so edlen Geschlechtes
nnehmen können. Einer andern Meinung ist Andreas Zippock,
ie er auf folgende Urkunde gründet, welche sich einst im Schloß-
rchive von Robaneck befand, leider aber durch einen höchst bedaue-
ungswürdigen Handel mit vielen andern sehr werthvollen Doku-
ienten ins Ausland verschleppt wurde: Albertus, Comes Goriziae
t Tyrolis prae oculis habens fidelia servitia, quae Nicolaus de
Velfesberch et de Haus, fullarius ejus erga ipsum gessit, ipsi
iicolao turrim inferiorem in castro Welfsberch et duo stabula,
ita intus turrim, et coquinam et turrim sub castro, quae vulgo
der Säußer" dicitur, nec non scuterium seu armaturam, quae et
uod fuit Welspergariis, ejusque haeredibus in rectum feudum
ontulit et dedit. Actum in Castro Goerz 1296. Aus dieser Ur-
unde zieht Zippock den Schluß, daß mit den Brüdern Heinrich III.
nd Otto IV., von benen ersterer ein besonderer Wohlthäter des
tiftes Innichen war, letzterer sich neben „Welfesberg" auch) „von
)unenfels" [26]) nannte, das alte Geschlecht erloschen und mit Niko-

---

[26]) In den ältesten Urkunden wird dieses Schloß Hunenfels, dann
ieunfels und jetzt Heimfels genannt. Ueber dessen Gründung verbreitet
ch ein undurchdringlicher Nebel wunderlicher Sagen. Eine Truppe Hunnen
us Friaul zurückkehrend hätte sich in dieser Gegend festgesetzt und um das
ahr 464 den ersten Thurm auf diesem Felsenhügel erbaut. Unter Herzog
hassilo II. erschien der Riese Hano von Toblach vor dem Thurm, erstürmte
n, unterstützt von bojoarischen Mannen und riß dem besiegten Hunnus eine
ippe aus dem Leibe. Unzweifelhaft scheint es, daß der Bau der Burg zu

laus und seinen Brüdern ein neues Geschlecht der Herren von
Welfesberg aufgeblüht habe; jedoch eine solche Behauptung ist
unbegründet. Daß in dieser Urkunde von der Abtretung nur eines
Theiles der Veste Welfesberg die Rede ist, liegt doch offen am Tage.
Dieser Theil fiel durch den unbeerbten Tod Heinrich's, der keine
Kinder und Otto's, der nur zwei Töchter hatte, an Graf Albert
von Görz, der ihn an obigen Nikolaus abtrat, welcher schon 1288,
also acht Jahre vor dieser Schenkung, „von Welsberg" — genannt
wird, wie dieses aus folgender Urkunde hervorgeht: „Graf Albert
von Görz und Tirol am einen und Niklas von Welfesberch
sammt seinen Brüdern am andern Theile machen einen Vergleich
ihrer Bauleute wegen, wegen ihrer Verheirathung und wie es mit
den erzeugten Kindern zu geschehen habe. Actum anno 1288 die
12. intrant. Decembr." (Urkunde aus dem Archiv in Robaneck.)
Zippock würde freilich gegen diese unsere Ansicht einwenden, daß die
Veste Welfesberg keinen beträchtlichen Umfang hatte; allein deßohn-
geachtet ist durch viele Urkunden klar erwiesen, daß dieselbe in
früher Zeit in mehrere verschiedene Wohnungen abgetheilt war, wie
dieses auch aus obiger Urkunde vom Jahre 1296 hervorgeht. Eine vielleicht die vorzüglichste dieser Abtheilungen hieß „das Haus ob Welfesberg" und muß schon vor dem Jahre 1296 dem Nikolaus von
Welfesberg gehört haben, da ihm in obiger Urkunde der Beiname
„de Haus" gegeben wird. Aber auch in spätern Urkunden kommt
dieser Beiname häufig vor; so heißt es: anno 1322 actum auf dem
Hause zu Welsberg; 1341 actum zu Welsberg auf dem Hause;
1341, Paul, weiland Portner auf dem Hause zu Welsberg; 1428
Niklas Sinner „ob dem Hause zu Welsberg." Nebst dieser Stammburg besaßen die Herren von Welsberg noch folgende Ansitze, die
freilich in Folge der Zeit auf andere Familien übergingen. Den
Ansitz Zellburg haben sie sich im Dorfe Zell (Welsberg) um das

---

verschiedenen Malen und in größern Zwischenräumen geführt worden. Der
viereckige Thurm gegen Osten ist wohl der älteste Theil des Schlosses. Später unter den Grafen von Görz kam der zweite, mehr in der Mitte stehende
Thurm hinzu. Die Ringmauer mit den sieben kleinen Thürmen wurde unter
Kaiser Maximilian zwischen 1505 und 1514 erbaut und ist schon zum Wider-
stand gegen Geschütze eingerichtet. (Staffler Tir. und Vorarlb. II. Bd. S.
300, 391).

Jahr 1495 erbaut, um zur Winterszeit eine bequemere Wohnung, die auf kürzerm Wege zur Kirche führt, zu haben. Felizitas von Welsberg, welche im Jahre 1679 starb, hat diesen Ansitz ihrem ersten Gemahl Andrä von Rekordin zugebracht; gegenwärtig besitzen ihn gemeine Leute. Ganz in der Nähe von Zellburg liegt Zellheim, das im Jahre 1440 durch Anna von Welsberg an die von Lichtenstein überging, welche mit Herzog Friedrich „viele Spän und Irrungen hatten." Sie erweiterten Zellheim bedeutend und wählten diesen An=sitz zum stillen Aufenthalt, weßwegen er gewöhnlich „die Retirade der Herren von Lichtenstein" genannt wurde, welche hier ein ein=trägliches Pflegamt errichteten. Nach dem Erlöschen des Lichten=steinischen Geschlechtes [27]) ging der Sitz und das Amt Zellheim

---

[27]) Die Edlen von Lichtenstein sollen ihr altes Stammschloß Lichten=stein bei Chur in Graubündten gehabt haben und von da aus schon frühzei=tig nach Tirol ausgewandert sein, wo sie oberhalb Leifers, einem 2 Stunden südlich von Bozen an der Poststraße nach Italien gelegenen Dorfe, eine neue Veste erbauten, die sie nach ihrem Familiennamen Lichtenstein nannten und von der Kirche zu Trient als Lehen empfingen, wie dieses klar aus fol=gender Urkunde hervorgeht: Investitura de Wardia et custodia castri Lichtenstein per Conradum, episcopum tridentinum facta anno 1189 in domo episcopi. Testes: Rudegerus, plebanus in Maringa, Zuco et Hegmo de Firmiano. (P. Bonelli monument. ecclesiae trid. vol. III. pars alt. fol. 38). Nachdem aber dieses Schloß, man weiß nicht wie, ganz in Verfall ge=rathen ist, erbaute sich das Geschlecht der Lichtensteiner in Pfatten, einer von Kaltern 2½ Stunden entfernten Gemeinde, Leifers gegenüber hart an der Etsch, einen neuen Ansitz, welcher gewöhnlich der Lichtensteinische Sitz in Pfatten genannt wird. Im Jahre 1387 belehnte Herzog Albert den Hans von Lich=tenstein, Hauptmann zu Steniko, mit den Schlössern Karneid und Steineck und mit dem Gerichte Wälschnoven. Dieser Hans war ein gefürchteter und gefährlicher Gegner für alle Anhänger und Freunde des Herzog Friedrich mit der leeren Tasche, wie auch alle Lichtensteiner eifrige und thatkräftige Mitglieder des sogenannten Elefanten=Bundes waren. In einer Urkunde vom Jahre 1409 heißt es: „Hans von Lichtenstein hat an Paul Pretl von Caldes einen Todtschlag gethan und ist dadurch in des Herzogs große Un=gnad gefallen, der ihn auf Karneid belagert, aber gleichwohl wieder zu Gnaden hat kommen lassen durch Abtretung der Veste Haßlburg!" Actum Cardaun an sanct Veidestagk. Im Jahre 1410 entschied Herzog Ernst: „Das Schloß Karneid soll des Hauses Oesterreich offenes Haus sein, und davon nicht getrennt werden; auch sollen die von Lichtenstein wider Oesterreich nimmermehr handeln." — Im nämlichen Jahre stellten Wilhelm der Lichtensteiner von Karneid und seines Bruders Hansen Kinder die Ver=zicht=Urkunde aus und übergaben die Veste Karneid dem Herzoge Friedrich;

erbweise an die Grafen Wolkenstein über, welche die Besitzungen an die Grafen Künigl von Ehrenburg verkauften. Auf eben diese Weise kam Zellheim an den Herrn Johann von Kempter zu Brixen, der daraus einen Familien-Fideikommiß schuf. —

Das Landgericht Primör wurde als ein Theil des alten Comitatus Feltre im Jahre 1140 von Kaiser Conrad III. dem Bischof von Feltre, Gubert mit Namen, geschenkt. Diesem Stifte blieb es so lange einverleibt, bis es der bekannte Ezelin im 13. Jahrhundert der Kirche von Feltre entriß, dessen Nachkommen es an die Herren von Camino überlassen mußten. Im Jahre 1337 ging das Schloß Primör (auch Castell de Pietra genannt) nach langer Belagerung an Karl, Markgraf von Mähren, als Vormünder seines jüngern Bruders Johann, Gemahl der Gräfin von Tirol, Margareth Maultasch, über. Nachdem es eine Zeitlang Bonifazius de Lupis, Friedrich von Greifenstein [28]) und sein Tochtermann Sigmund von

---

1434 nahm er die Brüder Heinrich und Wilhelm von Lichtenstein mit ihren Vettern Georg und Bartlmä wieder zu Gnaden auf und belehnte sie mit den Schlössern Karneid und Steineck. Von nun an blieben die Lichtensteiner durch 325 Jahre ununterbrochen im Besitze dieser Lehen, bis 1760 dieses Geschlecht, welches mittlerweile in den Grafenstand erhoben wurde, mit Graf Anton von Lichtenstein erlosch, nach dessen Tod das Gericht Karneid, Steineck und Wälschnoven der Stadt Bozen als Pfandlehen überlassen wurde. —

[28]) Die einst so berühmte Felsenburg Greifenstein liegt in schwindelnder Höhe ober Siebeneich und der Kirche St. Kosmas. Gegenwärtig nur mehr in den schauerlichen Ruinen kaum erkennbar bleibt sie immer doch den Freunden der vaterländischen Geschichte besonders merkwürdig. Ueber die Zeit ihres Baues schweigen zwar alle Geschichtsquellen; da aber die Grafen von Eppan die ersten urkundlich erwiesenen Besitzer dieser Veste waren, so dürfen wir wohl die Vermuthung aussprechen, daß eben diese Greifenstein zur bessern Sicherung ihrer auf dem linken Etschufer gelegenen Besitzungen erbaut haben. Ulrich, Heinrich und Arnold, die Söhne Friedrichs, Grafen von Bozen, der um das Jahr 1110 starb, theilten ihr väterliches Erbe so, daß Ulrich der älteste die Güter am rechten Ufer der Etsch bekam und sich eben deßwegen „Graf von Eppan" nannte, während die jüngern Brüder Heinrich und Arnold die Besitzungen am linken Etschufer mit der Felsenburg Greifenstein erhielten, von der sie sich „Grafen von Greifenstein" nannten. Da Heinrich, wie es scheint, keine Kinder hinterließ, wurde Arnold Alleinherr von Greifenstein und aller dazu gehörigen Besitzungen. Sein Sohn Arnold II., Graf von Greifenstein und Morit (Mareit bei Sterzing, das den Bezirk des heutigen Landgerichts Sterzing in sich begriff) starb

Starkenberg innegehabt, wurde Primör im Jahre 1386 an Herzog Albert abgetreten, wodurch es mit Tirol vereiniget wurde. Im

1170. Seine weitläufigen Besitzungen, besonders die Lehen von der Kirche Trient und Brixen, erregten zwischen diesen Hochstiften und seinen Vettern, den Grafen Heinrich und Friedrich von Eppan, langwierige Fehden, die wenigstens mit Trient durch den berühmten Vertrag unter Formigar (Firmian) am 31. Mai 1181 ausgeglichen wurden. Dort übergaben die Grafen mit ihren Söhnen, dem Bischofe Salomon Greifenstein mit den dazu gehörigen Besitzungen, dem Meierhof in Pfatten, zwei Höfen in Tramin, einem Hof zu Margreit u. s. w., was sie alles wieder sogleich (instanter) zu Lehen empfingen. 1189 überließen die Grafen von Eppan ihre Lehenschaft Greifenstein ganz an Trient. Erst nach dieser Zeit erscheint zum erstenmale im Jahre 1190 Berthold von Greifenstein als Zeuge in einer Urkunde, die Bischof Conrad von Trient ausstellte. Sehr wahrscheinlich belehnte eben dieser Bischof einen seiner edlen Ministerialen mit Greifenstein, welches die Eppaner an Trient heimsagten, und dieser dürfte sicher Berthold sein, der als der Stammvater der Greifensteiner sich von Greifenstein nannte. Verschiedene Schicksale erlitt Greifenstein in Folge der Zeiten. Oefter erobert, niedergerissen, wieder gebaut und abermals zerstört, erhielt es historische Wichtigkeit; in der Mitte des vorigen Jahrhunderts sank es zur Ruine herab. Schon im Vertrage, den Kaiser Rudolph (Wien am 3. November 1277) zwischen dem Bischof Heinrich von Trient und dem Grafen Meinhard von Görz und Tirol zu Stände brachte, hieß es: „Meinhard soll dem Erhard von Zwingenstein und seinen Brüdern ihre Besitzungen zurückstellen und sie zu Gnaden aufnehmen; das Schloß Greifenstein aber soll nicht mehr gebaut und die inzwischen aufgeführten Mauerwerke niedergerissen werden." Allein noch im nämlichen Jahre gaben Albert, Fritz und Wigand, weiland Konrads von Greifenstein Söhne, ihre Bewilligung dahin ab, daß Friedrich von Greifenstein die Burg wieder bauen dürfe. Im Jahre 1334 bewilligte der König Heinrich, Graf zu Tirol, den Kindern Morhard's von Greifenstein den Wiederaufbau ihrer Veste, doch unter der Bedingung, daß sie Lehen von Tirol sein soll. Im Jahre 1350 fielen die Brüder Hans und Friedrich, wie Alphart, Heinrich und Eberhard, alle von Greifenstein, in die Ungnade des Markgrafen Ludwig von Brandenburg, weil sie gegen ihn auf die Seite des Markgrafen Karl von Mähren traten; es wurde ihnen ihre Veste Greifenstein und Haselburg abgenommen und alle ihre Lehen eingezogen. Ludwig nahm sie aber 1357 wieder in Gnaden auf, jedoch unter der Bedingung, daß sie ihre Ansprüche auf Hocheppan aufgaben. Die Landesfürstin Margareth erlaubte (Bozen am St. Sebastianstage 1363), dem Friedrich von Greifenstein, welcher von Rudolph Katzensteiner die meisten eingezogenen und diesem verliehenen Lehen, als Greifenstein, Haselburg u. a. m. wieder gekauft, das Burgstall Greifenstein zu bauen und zu befestigen, gegen Oeffnung an Tirol; zugleich gab sie ihm die Gerichte Burgstall und Mölten zum Pfande. Oefter wurden die Besitzungen von Greifenstein unter die vorhandenen Erben getheilt; ja es kommen sogar Fälle vor, daß auch weibliche Abkömmlinge daran Theil nahmen und sie an Auswärtige verkauften. So veräußerte 1356 Hiltpold

Jahre 1401 gab Herzog Leopold seinem Kammermeister Georg von Welsberg Primör gegen den Erlag von 4000 Goldgulden zu Lehen.

---

oder Hildebrand von Wineck seinen Antheil an Greifenstein, der von seiner Mutter herrührte, wie gleichfalls Agatha, Christian's von Greifenstein Tochter, 1358 den ihrigen an Heinrich von Starkenberg. Auf diese Weise kam das Geschlecht der Herren von Greifenstein nach und nach von dem Besitze seiner Stammburg, deren letzten Antheile, nachdem Friedrich von Greifenstein bei Semprach 1386 erschlagen worden, durch Kauf vollends an Sigmund von Starkenberg kamen. Er hinterließ seinen Söhnen Ulrich und Wilhelm große Reichthümer, viele Schlösser, Güter und Leute, aber auch einen hochmüthigen, trotzigen Rittergeist, der ihnen den Untergang bereitete. Als sich in den Unglückstagen des Herzogs Friedrich mit der leeren Tasche unter dem tirolischen Adel der Elefanten-Bund gebildet hatte, spielten dabei die Starkenberger eine vorzüglich thätige Rolle. Friedrich, wieder Herr seines Landes, strafte mit unerbittlicher Strenge die Verräther. Rotund im Münsterthale, eine Burg des Heinrich von Schlandersberg, und die Edelsitze des Oswald von Wolfenstein waren bereits 1417 gebrochen; nur Greifenstein, das starke Felsenschloß, welches der dahin geflüchtete Oswald von Wolfenstein, ein tapferer Ritter, muthvoll vertheidigte, trotzte der Macht des Herzogs, der endlich die Belagerung aufhob. Indeß reizte die Strenge, mit welcher derselbe gegen den Adel verfuhr, und die Begünstigung, die er den Städten und Gemeinden angedeihen ließ, bald zur Erneuerung des alten Bundes, an dessen Spitze Ulrich und Wilhelm von Starkenberg sich stellten. Friedrich darob in heftigen Zorn entbrannt, sandte den Rittern von Starkenberg den Fehdebrief („gegeben zu Kaltern am Pfinztag vor St. Niklastag 1422") und zog zuerst gegen Hochgalsaun, ein festes Schloß der von Schlandersberg; es ward vom Grund aus zerstört. Doch auf Vermittelung des Bischofs Ulrich von Brixen hatte der Herzog seine Rache eingestellt und in einer Versammlung zu Meran im November 1423 allen Verschwornen Gnade verheißen, nur nicht den Starkenbergern, den Stiftern des verrätherischen Bundes. Doch auch diesen bot er die Zurückerstattung der Pfandsummen an, gegen Herausgabe der Briefe. Indeß verwarf Ulrich von Starkenberg solch freundlichen Antrag mit rauhen trotzigen Worten und verletzte gröblich die seinem Landesfürsten und Herrn schuldige Ehrfurcht. Jetzt ließ Friedrich die Burgen der Starkenberger berennen; eine fiel nach der andern, Alt- und Neu-Starkenberg, Kronburg, Schlanders, Juval, Ulten, Hocheppan, Forst, Gayen und Naturns; auch Schöna, das Ursula, Ulrichs Frau, sechs Wochen vertheidigt hatte, ward übergeben. Rachedürstend saß Wilhelm von Starkenberg auf seiner Felsenberg Greifenstein, zog mit seinen Gesellen auf Raub, Mord und Brand aus und übte argen Frevel an manchem Reisenden auf offener Straße. Ulrich lauerte sogar in voller Rüstung mit seinen Knechten auf den Herzog, als dieser mit dem Hauptmanne an der Etsch, Ulrich von Matsch, eines Tages zum Pfarrer nach Tirol reiten wollte. Doch dieser Anschlag wurde vereitelt und von jener Zeit an war Ulrich von Starkenberg verschwunden; man erfuhr nicht, wohin er gekommen und was aus ihm geworden war. Nun zog Herzog Friedrich mit zahlreichen Fähnlein vor Greifenstein; allein

Seit dieser Zeit besaßen es die Herren von Welsberg ununterbrochen, bis es ein kaiserliches Gericht wurde.

---

er vermochte nichts gegen die sturmfeste Wolkenburg, und auf vermittelndes Einschreiten des Pfalzgrafen von Baiern, Herzogs Ernst, ward eine Waffenruhe und Sicherheit dem Starkenberger zugesichert, welche dieser sehr klug dazu benützte, um sein Schloß mit neuen Vorräthen und Kriegsleuten zu versehen. Herzog Ernst versuchte zwar noch einmal die Vermittelung, jedoch umsonst, und Greifenstein war nach Ablauf des Waffenstillstandes wieder belagert. Herzog Friedrich verlangte nun von den Ständen kräftige Unterstützung zur Bezwingung dieses übermüthigen Vasallen und allgemein gefürchteten Straßenräubers; sie aber schlugen vor, den Weg der gütigen Vermittelung noch einmal zu versuchen. Der Herzog willigte ein, und zu Bozen versammelten sich viele Ritter, Edle und Unedle. Ein gewählter Ausschuß sollte in Siebeneich mit Wilhelm von Starkenberg den Frieden vermitteln. Dazu ward dieser vom Hauptmanne an der Etsch eingeladen; allein er wies die Ladung verächtlich zurück und ging nur den Antrag ein, auf seinem Schlosse mit zwei Abgeordneten zu unterhandeln, für welche der tückische Schloßherr alsbald den Geleitsbrief ausfertigte. Dazu wurde gewählt: Nikolaus Hochgeschoren, Bürgermeister von Bozen, und Sigmund Kirchmayr, Bürgermeister zu Hall. In Greifenstein angekommen, empfing und bewirthete sie Starkenberg sehr gastfreundlich; er unterhielt sich mit ihnen unter Lachen und Scherzen, bis es dunkel geworden, und redete dann von der Botschaft, die sie dem Landesherrn in Bozen auszurichten hätten. Während dem gab er einigen seiner treuesten Knechten heimlich den Befehl, den Bürgermeister Hochgeschoren auf dem Wege hinab zu tödten, und über den Kofel hinauszuwerfen; »denn dieser hat,« wie sich Wilhelm von Starkenberg nachhin äußerte, »viel wider uns gerathen.« — Wie der Herr befohlen, so thaten auch die Knechte. Sie begleiteten die zwei Abgeordneten, die guten Muthes den Berg hinabstiegen. Kirchmayr war stets etwas voraus, und als Hochgeschoren, der ein schwaches Auge hatte, und langsamer ging, zu dem Steig bei dem Kofel gekommen war, ergriffen und stürzten ihn die zwei Mordgesellen, die stets an seiner Seite waren, nachdem sie ihm den blauen Mantel, das Schwert und die Sporen abgenommen, über den hohen Felsen in den tiefen Abgrund. Kirchmayr, beinahe schon unten am Berge, vernahm noch den Hilferuf des Hochgeschoren, und erzählte in Bozen, was ihnen widerfahren. Des andern Tages fand man den Leichnam und mit Entsetzen erzählte sich Jung und Alt diese ruchlose That. Nach dem Beschlusse der Stände versammelten sich bald darauf große Massen des Zuzuges vor Greifenstein. Doch alle Anstrengungen, das stolze Felsennest durch Sturm zu nehmen, schienen fruchtlos. Leichter wäre es gewesen, die Belagerten durch Hunger zu bezwingen, hätten diese nicht auf geheimen Wegen sich Vorräthe zu verschaffen gewußt. Im prahlerischen Uebermuthe, oder um eine Kriegslist zu versuchen, ließ Starkenberg, so erzählt man sich, im Angesichte seiner Feinde, unter schallendem Hohngelächter, ein Mastschwein von den Zinnen des Schlosses herabwerfen. Darum wird im Volke heute noch Greifenstein nicht anders als Sauschloß genannt. Dieser wilde Ritter wagte nicht nur öftere Ausfälle, sondern er sandte auch

Ligöbe war einst ein Schloß auf dem Toblacher Felde in dem Weiler Gratsch, am rechten Ufer der Rienz ⅜ Stunden westlich von Toblach gelegen, welches man „zum öden Thurm" nannte. Dieses Schloß gehört schon 1250 dem Konrad Welf und blieb bei den Herren von Welfesberg, die sich von „Ligöbe" nannten. Magdalena, die Letzte dieser Linie, verehelicht mit Otto Schraghart aus Freising, saß noch im Jahre 1368 auf Ligöbe. Im Jahre 1401 war es Eigenthum des Peter Arnold; 1460 erhielten seine Söhne Christoph, Leonard und Konrad „den Thurn Ligöbe" von Hans Graf zu Görz als Lehen. Im Jahre 1550 wird der Thurn Ligöbe

von Zeit zu Zeit Raubmörder und Mordbrenner aus, jene auf die Landstraße und diese gegen die Städte Meran und Bozen. Alles zitterte schon bei dem Namen Starkenberg und die ganze Gegend war mit Angst und Schrecken erfüllt. Schon zwei Jahre lang stand Herzog Friedrich vor Greifenstein und es war nicht abzusehen, wann dieser Troß brechen werde. Doch unerwartet vernahm man eines Tages im Lager die Kunde, Wilhelm von Starkenberg sei bei nächtlicher Weile aus dem Schlosse entwichen. Jetzt erwartete man die schnelle Uebergabe, allein umsonst; sie war trotzig verweigert. Nun befahl der Herzog die engste Einschließung und einen Angriff mit vereinter Macht. Als die Besatzung die dringende Gefahr denn doch erkannte, war die Uebergabe gegen Schonung des Lebens angeboten. Auf dringendes Bitten seiner Räthe und der Landherren bewilligte der Herzog auch dieses Verlangen; doch mußten die Kriegsknechte sämmtlich schwören, daß sie die Burg mit allem, was sich in derselben und auf dem Kofel befindet, getreulich ausliefern wollten. Wilhelm von Starkenberg, der sich in irgend einem Schlupfwinkel des Landes verborgen gehalten, trachtete nun dem Herzog Friedrich durch gedungene Giftmischer nach dem Leben, und als ihm dies nicht gelungen, begab er sich nach Wien, klagte bei Herzog Albert über Gewaltthat und Verletzung des Landbriefes und forderte Gericht über Friedrich. Nachdem die Anwälte ihre Reden und Gegenreden gehalten, erkannte Herzog Albert: Friedrich habe den Ritter Wilhelm von Starkenberg unrechtmäßig befriegt; er soll daher die Hälfte der eingezogenen Burgen und Güter demselben zurückstellen; dagegen soll Starkenberg, oder wer immer in dessen Namen solche besitzt, dem Herzog Friedrich damit dienen und warten, wie es einem Unterthan nach Landesrechten gebührt. Dieser Spruch wurde »gegeben zu Wien am Mittwoch nach Circumcisionis.« Allein Herzog Friedrich vollzog ihn nicht. Dessen Sohn, Herzog Sigmund, ließ jedoch dem Ritter Wilhelm von Starkenberg Gnade angedeihen und ihm mehrere Güter und Rechte einräumen. Indessen erhielt er die Veste Greifenstein nicht wieder; diese blieb seit der Uebergabe an Herzog Friedrich ununterbrochen im Besitze des tirolischen Landesfürsten, der sie in der Folge an verschiedene Familien als Lehen übertrug. (»Das Schloß Greifenstein und seine Besitzer,« vom Gub.-Reg.-Direktor Jos. Röggl, — Zeitschrift des Ferdinandeums, IV. Bd. S. 169 — 244).

von den Vormündern der Arnold'schen Kinder mit dem väterlichen Erbe zu Toblach an Joachim von Winkelhofen verkauft. Bald darauf kam aber dieses Gebäude so in Verfall, daß man gegenwärtig kaum mehr eine Spur davon auffinden kann.

Ein ganz in Ruinen liegendes Schloß, ob dem Riedlerbach in der Pfarre Taisten gelegen, ist das Schloß Thurn. Zu welcher Zeit diese Burg gebaut worden ist, läßt sich nicht sagen. In den ersten Zeiten war sie von den Herren von Füllein bewohnt; 1359 kaufte dieselbe der „reiche Herr Gregor von Welsberg," dessen Sohn Kaspar 1427 eine Kaplanei an der Dreikönigen-Kapelle im „Thurn" stiftete. Im Jahre 1501 wurde dieser Ansitz als Lehen dem Ritter Balthasar und 1503 dem Ritter Hans von Welsberg verliehen. (Innsbrucker Lehen Archiv.) Als im Jahre 1765 am 15. Mai dieser Edelsitz ein Raub der Flammen geworden, wurde das Kaplanei-Benefizium in die Pfarre Taisten übertragen, wo der eigene Welsbergische Benefiziat noch gegenwärtig besteht. Auch den Ansitz Englös hatten die Herren von Welsberg einst inne. Zu dem hatten sie noch andere sehr beträchtliche Lehengüter im Besitz, was aus der großen Genauigkeit hervorgeht, mit welcher die Brüder Meinhard und Albert bei der Theilung der väterlichen Besitzungen die Eventual-Erbschaft des Heinrich von Welsberg und des Otto Welf von Welfenstein bestimmen. Die vielen und großen Verdienste, welche sich dieses Adelsgeschlecht erwarb, das sich in mehrere Linien mit verschiedenen Beinamen, als „auf Ligöbe, Roßmort, Mäusenreiter," theilte und jetzt noch fortblüht, mag man aus folgenden Urkunden ersehen. Im Jahre 1241 schenkte Heinrich von Welsberg dem Kloster Wilten seinen Hof in Tschövs bei Sterzing, welchen sein Vater von der Frau Lieba, Gattin des Heinrich von Voitsberg gekauft hatte; 1257 überläßt er der Kirche von Innichen den Hof Unterfelden in Villgraten, 1259 ein Gut auf Kolles und stellt ihr alle Güter auf Wahlen zurück. 1298 verleiht Albert, Graf von Görz, dem Nikolaus von Welsberg die Veste Heimfels als Burglehen. (Urkunde im Archiv zu Welsberg). 1328 schenkte eben dieser Nikolaus mit Willen seines Bruders, Heinrich, des Mäusenreiters, Ulrich des Richters und Fritzen von Taisten, auf den Altar in der Pfarre zu Taisten, den er zur Ehre des h. Geistes gestiftet, 53 Pf.

„und es liegt dies Gelt in Gsieß auf dem Hofe ob St. Magda-
lenen-Kirche." 1320. „Heinrich Graf zu Görz und Tyrol verjehen,
daß wir den getreuen Rittern Niklaus von Welsberg und Heinrich
dem Mäusenreiter und ihren Erben die Gnad gethan, daß sie Gericht haben und richten sollen über ihre Leut in all unserer Herrschaft, nur um Blutpenung nicht. Actum Lienz 1320 am Sonntag vor St. Galli in unserer Herberg in der Stadt." 1332. „Ich
Niklas verjeh, daß ich geschaffen hab zu bauen einen Altar in der
Pfarrkirche zu Teisten, allda meine Vorbern begraben liegen und
wo auch ich liegen will. Item soll man mir halten einen Jahrtag
mit sechs Priestern. Item schaff ich, daß meine Brüder die Kirche
erweitern sollen." 1334 verleiht Albert, Bischof von Brixen, den Herren
von Welsberg das Patronat über die Pfarre Taisten, „weil der erbare
Ritter Niklas von Welsberg durch Gott und seiner Vorfahren willen
zu der Kirche in Teisten, wo er auch begraben, viel Besserung gethan." — 1344. „Nikolaus Roßmort von Ligöde hat alle jene Güter, die weiland sein Ahne, der Pfaffe von Ligöde, geschaffen hat,
auf St. Kathrein Altar (in der Pfarrkirche zu Toblach) von seinem
Vetter Conrad zurückgekauft und neuerdings an gedachten Altar
übergeben; der Pfarrer soll Meß sprechen an St. Kathrein Tagk,
der Kirchweihe und alle Montage, auch den Altar beleuchten; man
soll auch über sein und seiner Vorbern Grab gehen." „1441 am
17. Mai hat Pankraz von Welsberg, Pfarrer in Fassa und Kaplan
der Kapelle s. Laurentii im Dom, auch früher Pfarrer zu Brixen,
verordnet, daß, wenn die neue Kapelle in dem Friedhofe zu Brixen
in zwei Jahren unter dem Namen der armen Seelen aufgebaut
würde und der Altar zur Ehre der h. Barbara eingeweiht wäre, so
wolle er solchen Altar dotiren und ein Benefizium stiften; dazu gibt
er das Haus in der Runggaba." 1456 setzt Johann Graf von Görz
in seiner Abwesenheit Balthasar von Welsberg, seinen Rath und
Hauptmann in Lienz, zu einem „gewaltigen Verweser" aller Ge-
schäftee in. 1462 gibt Erzherzog Sigmund dem nämlichen Balthasar die Herrschaft Telvana sammt den Schlössern St. Peter und
Tihob zum Pfand. 1488 stiftet Sigmund von Welsberg Ritter,
Erzherzogs Sigmund Marschall, dann 1498 Kaiser Maximilians
Oberstfeldhauptmann und der Kaiserin Blanka Oberst-Hofmeister,

in der Pfarre zu Innsbruck ein Benefizium. 1500 empfängt Balthasar von Welsberg des Hochstiftes Brixen Marschallamt, welches Sigmund von Villanders aufgegeben. 1539 erhebt König Ferdinand die Vettern Sigmund und Karl von Welsberg in den Freiherrenstand und erlaubt ihnen 1551 mit ihrem Familienwappen das des erloschenen Geschlechtes der Herren von Villanders zu vereinen. 1555 erhielt Christoph Sigmund Freiherr von Welsberg die Herrschaft Altrasen um 6000 Gulden zum Pfande. 1568 erhielt Christoph von Kaiser Ferdinand das neuerrichtete „Oberst-Erbstäbl- und Kuchenmeisteramt in Tirol und 1571 „den Zusatz des Wappens von Primör," einen goldenen Löwen auf drei Felsenspitzen im schwarzen Felde stehend. 1693 wird Guidowald, Freiherr von Welsberg und Primör, k. k. Kämmerer, O. O. Regierungsrath und Landvogt in Nellenburg, Pfandinhaber der Herrschaften Altrasen, Landeck und Raubersberg, in den Grafenstand erhoben.

St. Lambertsburg und Reischach.

Südlich von Bruneck weitet sich die Mittelgebirgshöhe in eine ziemlich große, sanft geneigte Ebene längs dem hohen Reischacher Berge, freundlich gekleidet in Aecker und Wiesen. Hier stand einst die Stammburg der Edlen von Rischon (de Riscone), welche in den ältesten vaterländischen Urkunden vorkommen, die uns die ersten Geschlechtsnamen aufbewahren. Unter den Schenkungen, welche nach dem Brixner Saalbuche während der Regierung des Bischofes Altwin zu Gunsten der Kirche des h. Ingenuin in der zweiten Hälfte des 11. Jahrhunderts gemacht wurden, bemerkt man auch jene eines Edelmannes Heinrich, des Abalpero Sohnes zu Riscone; er übergibt auf die Bitte seiner Mutter Guota sein Landgut zu Phalanza, zu St. Georgen, zu Hovarun und Risconi dem Stiftsvogt Arnolf mit der Bedingung, daß diese Güter, wenn sie jemand dem Stifte entziehen wollte, wieder ihm zufallen sollten. (Sinn. Beitr. II. S. 501). In den letzten Regierungs-Jahren dieses Bischofes schenkt ein Freigeborner mit Namen Tageno (Tagene, Tagini) dem Hochstifte Brixen die Hälfte des Schlosses Risconi mit der Hälfte der dort gestifteten und ordentlich dotirten Kirche. Es unter-

liegt keinem Zweifel, daß unter diesem Schloſſe St. Lambertsburg zu
verſtehen iſt, das alſo ſchon in früher Zeit Eigenthum der Edlen
von Reiſchach war. Sie führten in ihrem Wappen ein Lamm und
dieſes ſoll dem Schloſſe den gegenwärtigen Namen gegeben haben, da
es urſprünglich in alten Urkunden „Lampersburg" heißt. Erſt
nachher wurde das Kirchlein dem h. Lambrecht geweiht, und hiernach der Schloßname gebildet. Dieſe Veſte war jedoch nicht das
Stammhaus dieſer Edlen, ſondern für ihren erſten und älteſten Anſiß halte ich Angersburg oder den Sitz im Anger zu Reiſchach,
den ſie bis zu ihrem Erlöſchen innehatten. Margareth, die letzte
von Riſchon, verkaufte ihn im Jahre 1402 an das Hochſtift
Brixen. Sie war vermählt mit Ulrich Sulzbeck von Weißenbach aus Baiern, der nach Tirol auswanderte, im Jahre 1390
Pfleger in Thurn an der Gader war und 1402 als Burggraf von
Kehlburg ſtarb. Sein Sohn Ulrich nahm „den Sitz zu Riſchon im
Anger" von der Kirche Brixen zu Lehen, wie auch nach ſeinem
Tode 1446 ſein Sohn Edelweiß Sebaſtian. Nach dem Ausſterben
des Geſchlechtes Sulzbeck kam dieſer Anſitz an verſchiedene Beſitzer,
welche Staffler (Tir. und Vorarlb. II. Bd. S. 200) anführt. Nicht
ſo lange und ſo ungeſtört beſaßen die Edlen von Reiſchach die
Veſte Lambertsburg. Um das Jahr 1220 war dieſes Schloß, man
weiß nicht wie, in die Hände des Grafen Albert von Tirol gefallen,
der verbündet mit Reimbert von Völs, Otto von Welsberg und
andern meineidigen Stiftsvaſallen von dieſem Schloſſe aus und
der Burg Raspenſtein bei Goſſenſaß, die Straße beunruhigte und
die brixner'ſchen Unterthanen beraubte und mißhandelte. Die eigentliche Veranlaſſung zu dieſer Fehde, der Anfang und die Dauer derſelben, ſo wie die einzelnen Umſtände ſind unbekanut, in ſofern die-
ſelben nicht aus den Bedingungen, unter welchen der Friede ge-
ſchloſſen wurde, entnommen werden können. Dieſer kam auf Ver-
mittlung Heinrich's, kaiſerlichen Prinzen und römiſchen Königs
zu Augsburg am 3. März 1221 zu Stande. In dem Friedensver-
trage heißt es zwar: der Graf von Tirol ſoll innerhalb 15 Tagen
die zwei Schlöſſer Raspenſtein und Lambert, welche zum Schaden
des Stiftes neu erbaut worden, zerſtören; allein dieſe Bedingung
wurde nicht erfüllt, wenigſtens nicht in Bezug auf Lambertsburg;

denn bald darauf sehen wir wieder das Hochstift Brixen im Besitze derselben, in dem es auch blieb bis zum Jahre 1336. Als Heinrich, der Sohn des gewaltigen Meinhard II. von Görz, am 4. April 1335 auf dem Schlosse Tirol starb, hinterließ er eine einzige Tochter Margareth, insgemein die Maultasch genannt, die mit Johann Heinrich, dem erst dreizehnjährigen Sohne Königs Johann von Böhmen vermählt, auf Kärnten und Tirol Anspruch machte. Sie mußte aber sehen, wie Kärnten durch die Herzoge von Oesterreich in Folge älterer Verträge in Besitz genommen worden. Selbst wegen Tirol mußte sie in Sorgen sein. Jedoch mit männlichen Muthe beschloß sie ihren Ansprüchen mit Waffengewalt Geltung zu verschaffen, unterstützt durch den ältern Bruder ihres Gemahls Karl, der, damals Markgraf in Mähren, später römischer Kaiser wurde. Dieser sammelte ein Kriegsheer in Tirol, überfiel mit demselben im Frühlinge 1336 die Besitzungen des Grafen Johann Heinrich von Görz in Pusterthal, weil sich dieser an die Herzoge von Oesterreich angeschlossen hatte, eroberte das Schloß Lambertsburg und verheerte jene Gegenden bis an die Lienzner Klause. Drei Wochen dauerte dieser Krieg mit allen seinen schädlichen Folgen in dem görzischen Antheile von Pusterthal, bis endlich im Herbste Friede geschlossen wurde, durch den Lambertsburg wieder an Brixen kam. Es wurde verschiedenen Familien als Lehen übertragen, wie z. B. an die Edlen von Ragen, Waidmann, Winkler von Kolz. Johann Winkler erwirbt 1811 durch Allodifizirung das volle Eigenthum des Lehens Lambertsburg gegen Erlag der Taxe von 697 Gulden. Schon im Jahre 1812 verkaufte dieser Schloß und Güter dem Priester Josef Hauptmann, dessen Erben sich im Besitze desselben befinden. (Staffler Tir. uud Vorarlb. II. Bd. S. 198, 199. Sinn. Beitr. IV. Bd. S. 147, 148. V. S. 148, 149). Das sind die Schicksale der ursprünglichen Besitzungen der Edlen von Rischon, deren urkundlich erweisbarer Stammvater der oben angeführte Tageno ist. Seine Söhne waren Tageno, mit Kunegunt von Morit vermählt, welche dem Kloster Neustift (1143) ein Gut in Elves schenkte (I. 145), und Haimo, welcher der h. Maria zwei Huben „in loco, qui dicitur Sustrice" für das Seelenheil seines Vaters übergibt (I. 9). Beide Brüder werden in der Urkunde (I. 33) zugleich genannt, da

Otto von Aiznik (Aßling) 1151 durch die Hand des Haimo von Rischon ein Landgut, Pirchen genannt, dem Stifte überläßt und Tageno mit vielen andern diese Schenkung bestätiget. Nach dem kinderlosen Tode Haimo's fielen alle Besitzungen an seinen Bruder Tageno, der dadurch und durch das ansehnliche Heirathgut seiner Gattin sehr reich und mächtig wurde und auch seine eigenen Mannen (milites, armigeros) gehabt zu haben scheint, wenigstens wird (I. 140) ein Adalbert „miles de Riscone" genannt. Jedoch durch die Theilung seiner Güter unter seine Söhne Gottschalk (I. 33), Friedrich (I. 106) und Heinrich (I. 25, 37, 71, 106, 147, 158, 184) welcher an Neustift seinen Zehent in Ragen und Stegen überließ, wurde die Macht der Edlen von Reischach geschwächt, bis sie Heinrichs Sohn Albert oder Adalbert wieder hob. Er war vermählt mit Gertrud von Kastellrut, die ihm eine sehr ansehnliche Morgengabe und reiche Besitzungen in der Gegend von Bozen zubrachte; deßwegen kommt er auch in mehreren Urkunden (I. 145, 149, 176) unter dem Namen Bozenarus — der Bozner — vor. Kurz vor seinem Tode 1237 schenkte er nach Neustift eine Hube in Barbian und seine Gattin 12 Mark (III. 473). Zudem machte er und sein Sohn Dietmar der Kirche von Reischach ansehnliche Schenkungen, welche in einem sehr alten Kirchenkalender auf schönem Pergament in der Sakristei verzeichnet sind. Der drittgeborne Sohn Conrad war Domherr und Dekan zu Brixen (II. 340) und stiftete das Benefizium auf dem Altar des h. Augustin. Der erstgeborne Heinrich setzte das Geschlecht der Edlen von Rischon in seiner Ehe mit Ottilia von Haselburg fort, und war noch ein reicher und angesehener Mann. Aber schon nach seinem 1257 erfolgten Tode verlor sein Haus viel vom frühern Ansehen und Reichthum, indem seine sieben Kinder, von denen Heinrich Domherr von Brixen war (II. 391, 396, 404), sich in das väterliche Erbe theilten und so die Hausmacht immer mehr schwächten, so daß gegen das Ende des vierzehnten Jahrhunderts der Glanz dieses alten und mächtigen Adelsgeschlechtes im Pusterthale völlig erloschen war.

Ragen.

Obschon die Römerstraße von Aquileja über Lontium, **Agun-**
tum nach Litamum und Sebatum unzweifelhaft auch die Thalstrecke,
wo das heutige Bruneck liegt, berührte, so konnte man bisher doch
keine Spuren entdecken, welche vermuthen ließen, daß auch auf
diesem Punkte eine römische Ansiedlung sich festgesetzt hätte. Wohl
aber finden es mehrere Geschichtsforscher, wenn auch historisch nicht
erwiesen, glaubwürdig, daß in dieser Gegend die baierischen Herzoge
des 7. Jahrhunderts, wie Theodo (Diet) zu Dietenheim und Thassilo (Thessel) am Thesselberge feste Sitze hatten. Vom Hofe Winne-
wart, der an der Vorderseite des Thesselberges hoch oben auf dem
freiesten Aussichtspunkte steht, erzählt die Volkssage, daß er einst
Wendenwart geheißen, indem dort eine Warte, oder Spähwache
gegen die Wenden bestanden habe. An der Stelle der Stadt Bruneck
kommt erst im 10. Jahrhunderte ein Dörfchen, vielleicht gar nur ein
Weiler oder ein einzelner Hof zum Vorschein, Namens Ragowa,
Ragau, später Ragen, mit einer Kirche zu „U. L. Frauen in Ragau"
oder Ragen genannt, welche durch Jahrhunderte hindurch eine Fili-
ale von Lorenzen war, da die Seelsorge über Bruneck von dem
dortigen Pfarrklerus ausgeübt wurde, bis im Jahre 1609 Bruneck
endlich von Lorenzen getrennt eine selbstständige Pfarre erhielt.
Die älteste auf Ragowa bezügliche Urkunde ist ein Schankbrief zu
Gunsten der Kirche von Brixen vom Jahre 990. Es hatte nämlich
um jene Zeit eine Edelfrau, Suanihild genannt, ihre Besitzungen zu
Ragowa durch die Hand ihres Ehemannes Audalger und ihrer
Nichten Gerhilt, Lena und Egina den h. h. Kassian und Ingenuin
sammt aller Zugehörung an Aeckern, Wiesen, Wässer und Wasser-
leitungen zu Berg und Thal in die Hände des Bischofs Albuin
und seines Vogtes Engilbo übergeben. (Sinn. Beitr. Bd. II. S. 75).
Hier saßen die edlen „Villici de Ragen" „Meier von Ragen" —
später „Kirchmayr" genannt, wegen der nahe an ihrem Hofe gelegenen „U. L. Frauenkirche." Alram von Ragen schenkt um das
Jahr 1186 an das Stift Neustift in der Urkunde (I. 147), in
welcher er sich „ministerialis ecclesiae brixensis" nennt, einen
Acker „Furtacker" genannt, für sein und seiner Aeltern Seelenheil.

In der nämlichen Urkunde werden auch Luitholb und Reinprecht von Ragen genannt, wahrscheinlich Brüder Alrams. Nach (III. 677) stiftete Jakob von Ragen 1363 für sich und seine Gattin Gottlieba von Cumpan einen Jahrtag im Kloster zu Neustift, welches diesem Geschlechte zu besonderm Danke verpflichtet ist, da Georg Kirchmayr, dessen verbientester Amtmann, eben dieser alten und angesehenen Familie Pusterthals angehört. — Er war ein Sohn Christian Kirchmayrs zu Ragen, aus dessen erster Ehe mit Anna einer gebornen Gottfried. Sein Geburtsjahr ist aller Wahrscheinlichkeit nach 1481. Den ersten Unterricht erhielt Georg im väterlichen Hause, in welchem der Vater „strenges Regiment" übte. Im zweiten Jahrzehent seines Lebens mag Georg nach Brixen in die Schule gekommen sein, welche schon unter Nikolaus von Cusa dem tirolischen Adel als Vorbereitungsschule für die höhern Stubien biente. Wo er diese zurücklegte, ist bermal nicht zu ermitteln. Ja es fehlen alle weitern Nachweisungen über dessen Leben bis zum Jahre 1517, in dem sich die nächste Spur Georgs wieder verfolgen läßt. Damals erscheint er bereits als verehelicht mit Barbara Söll von Teissec und als Oekonomie-Verwalter des Klosters Neustift zu Bruneck. Schon nach zwei Jahren hatte sich Kirchmayr die Zufriedenheit des Stiftes in seiner Stellung in solchem Grade erworben, baß ihn der neuerwählte Propst desselben, Augustin Bosch, im Jahre 1519 als Stiftsamtmann nach Neustift berief. Freudig bezog Georg mit seiner Familie das nur wenige Schritte vom Stifte entfernte Amtmann- ober Hofrichter Haus; doch sollte er da gar balb nichts weniger als wonnige Tage verleben. Allerlei Unfälle, Ueberschwemmungen und Brand, bilbeten gleichsam den Eingang zu noch viel schrecklichern Bebrängnissen zur Zeit des Bauernaufstandes, der am 12. Mai 1525 die Plünberung des Stiftes auf Anrathen eines Brixner Bürgers, Peter Lanz, in's Werke setzte. Fünf Abgesandte aus dem wilden Haufen brangen in das friebliche Gotteshaus und forderten 5000 Gulben Brandschatzung. Der Propst war früher entflohen und nun ging es über den Amtmann her. Doch der ließ sich so schnell nicht einschüchtern, trat unter die ungestümen Dränger, sagte, so viel Geld sei burchaus nicht vorhanden und bot sich zur Bekräftignng seiner Aussage als Geisel an. Da zieht der Haufe plötzlich unter Drohungen ab und Kirchmayr benützt diese Zeit, um mit den wenigen zurückgebliebenen Chorherren alle werthvollen Kirchenparamente zu vergraben oder an verborgenen Orten unterzubringen. Als dies geschehen war, entflohen alle bis auf den Dechant, den Kellermeister und unsern Georg, der mit einigen Knechten ruhig und unerschrocken den Ausgang der Dinge abwartete. Zwischen 5 und 6 Uhr Abends kehrt der trunkene Haufe wieder, bringt in die Kirche, erbricht die Thüren des Heiligthums, besetzt die Kornkammer und den Keller, durchsucht die Gemächer des Propstes, der Chorherren, der Handwerksleute bis herab zu den Stuben der Knechte. Eine Stunde vor Mitternacht entflieht auch der Dechant mit den übrigen Priestern und Kirchmayr bleibt allein bei den wüthenden und berauschten Bauern zurück. Sein besonderes Augenmerk war auf die Rettung der Urbarialbücher gerichtet, denen die Bauern, längst aller Abgaben überdrüssig, vor allen Vernichtung geschworen hatten. Schon beim Beginn des Sturmes auf das Kloster hatte Georg den großen Unrathskanal des Stiftes durch seine Knechte bis auf eine gewisse Höhe mit Stroh anfüllen lassen. Als nun die Bauern wüthend die verhaßten Bücher forderten, trat Kirchmayr unter sie und läßt die ungefügen Folianten in den Unrath werfen zur ewigen Vertilgung, wie sie meinten, denn in ihrer Trunkenheit und im Dunkel der Nacht bemerkten sie die rettende Strohlage nicht. So gelang es dem treuen Diener, diese für den Besitzstand seiner Herrschaft so wichtigen Bücher zu retten. Fünf Tage lang wüthete die wilde Rotte in den Mauern des Stiftes, bis endlich Herr Anton von Brandis, Hauptmann von Brixen, zum Entsatze heranrückte. In den hierauf folgenden friedlicheren Zeiten lebte Kirchmayr ganz seinem Berufe als Amtmann und beschäftigte sich in freien Stunden mit der Abfassung der Denkwürdigkeiten seiner Zeit, ein anziehendes und inhaltreiches Werk, das in der Originalhandschrift in der Bibliothek des Stiftes aufbewahrt wird. Zudem ordnete er das Archiv und ergänzte die im Bauerntumulte geraubten oder zerstörten Urkunden über die Besitzverhältnisse des Klosters, dessen Wohlstand unter den zwei folgenden Prälaten Ulrich und Hieronymus durch kluge Sparsamkeit bedeutend wuchs. Es mußte dem treuen Diener dieses Wiederaufblühen der geliebten Körperschaft dop-

6 *

pelt erfreulich sein, weil er das Bewußtsein in sich trug, dazu nach seinen Kräften beigetragen zu haben. Doch nicht lange genoß er mehr diese Freude, denn er starb im Jahre 1554 drei und siebenzig Jahre alt. Das dankbare Stift ehrte seinen treuen Diener und Wohlthäter durch die freiwillig eingegangene Verpflichtung, jedem aus seinen Nachkommen, der Priester würde, den „titulus mensae" zu geben, ne clarissimus judex Georgius Kirchmayr umquam Collegii neocellensis Capitulo memoria excideret." Zweihundert vier und achtzig Jahre blühte sein Geschlecht noch fort, bis es mit Karl Anton, Priester in Wahlen, um 1838 erlosch. —

Bruneck.

Bischof Bruno, dem die Wohnung in Aufhofen zu eng und unbequem schien, baute 1251 bis 1256 das Schloß und die Stadt Bruneck. Eine Urkunde vom 23. Februar 1256, ausgefertiget zu Bruneck, ist das älteste Dokument, welches hievon Erwähnung macht. Die Stadt war nach dem Namen des Erbauers Bruneck (Brunopolis) genannt. Bischof Johannes Sax ermunterte 1305 die Bürger von Bruneck zur Fortsetzung des von Bischof Bruno angefangenen Baues der Stadtmauern, indem er ihnen einen Steuernachlaß verheißen. Allein erst Bischof Albert von Enna vollendete 1336 den Bau des Schlosses und die Stadtmauern und legte den Graben an. (Sinn. Beitr. Bd. V. S. 153). Die Meinung derjenigen (Guler und Hund), welche Bruneck aus den Ruinen einer alten Stadt der Brionen hervorgehen lassen, und von dieser den Namen Bruneck ableiten, erscheint hiernach nicht wohl begründet. Gleich nach der Erbauung der Stadt ward ihr ein ordentlicher Richter gesetzt und 1371 diesem auch das Banngericht vom Kaiser Karl IV. übertragen, indem die Verbrecher in der Vorzeit den Amtleuten des Grafen von Görz ausgeliefert werden mußten. Das Städtchen erschwang sich, durch den Transito begünstiget und durch die Niederlassung mehrere Adelsfamilien, zu einem mäßigen Wohlstande. Die vorzüglichsten dieser sind die Edlen Stuck. Sie brachte Bischof Bruno aus Schwaben nach Tirol und beschenkte sie als seine besondern Günstlinge mit Häusern und dem Bürgerrechte in seiner neuerbauten Stadt Bruneck, wo sie sich auch bald durch verschiedene milde Stiftungen ganz vorzüglich verdient machten. Sie bauten das Spital und die Rainkirche und stifteten Benefizien für Priester. Der berühmteste dieses Geschlechtes war entschieden Conrad Stuck 1329 — 1378, der zu seiner Zeit zu den reichsten und angesehensten Männern unseres Vaterlandes gehörte. Da er aber keine Söhne hatte, so fielen seine Lehen Buchenstein und Thurn an der Gader mit dem Bergwerke Fursill, wie auch St. Lambertsburg, an das Hochstift Brixen, das damals in sehr mißlichen Umständen sich befand. Sigmund Stuck „an der Niedervintl" starb ungefähr um 1479, nachdem er all sein Vermögen durchgebracht, als der Letzte des einst so reichen Geschlechtes.

Um das Jahr 1269 saß Gerold von Stegen noch auf dem später sogenannten Grafenhaus daselbst, das sein Sohn Fribank verließ und sich in Bruneck ansäßig machte; er nannte sich insgemein „der Jöchel von Bruneck" und wurde der Stammvater der gleichnamigen sehr zahlreichen Familie. Sein Enkel Nikolaus stiftete sich Jahrtage zu Bruneck und Stegen und warb für seinen Sohn Johann um die Hand der Erbin „des Thurmes zu Elzenbaum bei Sterzing," Katharina Zant, die er auch erhielt. Sogleich nach seiner Vermählung verließ er Bruneck und zog nach Sterzing, wo er sich den neuen Ansitz „Jöchelsthurm" erbaute. Seine zwei Söhne Johann und Leonhard bauten 1455 nach der letztwilligen Anordnung ihres Vaters die St. Peters-Kirche am Jöchelsthurm und stifteten eine Kaplanei dazu, deren Patronat der Aelteste der Familie und nach deren Erlöschen der Bürgermeister von Sterzing haben soll. Der zweitgeborne Sohn des obigen Nikolaus, ebenfalls Nikolaus genannt, hauste im Winkel zu Brixen und war lange Zeit Amtmann des Domkapitels zu Brixen. Sein Enkel Balthasar kaufte das Ansiedel zu Vahrn und nannte sich, wie auch seine Nachkommenschaft; die mit Viktor um das Jahr 1546 ausstarb, „Jöchel von Vahrn."

Gleich nach Erbauung des Schlosses Bruneck ließen sich daselbst auch die edlen Händl, später Hahn genannt, nieder; schon 1270 finden wir Berthold Händl als einen der ältesten Bürger, der bei großem Reichthume in hohem Ansehen stand, das auch seine Nach-

kommenschaft immerfort genoß. Um das Jahr 1538 baute Sigmund Hahn, Domherr zu Brixen und Trient, in der damaligen
Herrschaft Rodeneck außerhalb Brixen den Ansitz Hahnberg, und
erhielt dafür 1559 von Kaiser Ferdinand Adelsfreiheit „in Ansehung
des altadeligen löblichen Herkommens und Geschlechtes des ehrsamen
andächtigen Sigmunden Hahn von Hahnberg, Canonici zu Brixen
und der willigen Dienste seiner Vorältern, welche schon vormahls
die Freiheit erlanget, daß sie ein alt Burgstall im Gerichte Völ-
thurns gelegen zu einem Schloß oder Gesäß nach ihrem Gefallen
wiederum erbauen und Hahnberg nennen, auch dazu adelige Freiheit genießen möchten." Im Jahre 1478 wurde Jakob Hahn von
Hahnberg von den Grafen von Görz, „als ein wohlerfahrner
und streitbarer Kriegsmann" nach Lienz beschieden, „allbieweilen
die Türggen schon 8 Meilen von Lienz heraufstreifen." Noch größern Kriegsruhm erwarb sich dessen Enkel Jakob, der sich in dem
portugiesischen Kriege so sehr durch seine Einsicht und Tapferkeit
auszeichnete, daß ihm die Erlaubniß wurde, im Mittelschilde seines
Familienwappens das königlich portugiesische Wappen zu führen.
Mit seinem kinderlosen Tode erlosch 1566 dieses Geschlecht. Der
Ansitz Hahnberg kam hierauf durch Heirath an die Edlen von Ru-
mel und Rekorbin. Als aber 1680 Christoph Rekorbin von Rein
starb, verkaufte dessen Witwe, Maria Katharina Botsch von Zwingenburg und ihre Kinder, Hahnberg dem Philipp Jakob Söll von
Aichberg. Die Erben der Johanna Klara von Pallaus, einer gebor-
nen von Söll, überließen dann diesen Ansitz dem Priesterhause zu
Brixen. Im Jahre 1809 wurde die einst weitläufige und schöne
Burg Hahnberg von den Franzosen in Brand gesteckt, dann nur
so weit wieder hergestellt, daß sie dem gegenwärtigen Besitzer, einem
Bauersmann, die nothwendige Wohnung bietet.

Enneberg.

Südlich von Bruneck streift das Thal oder der Landgerichts-
Bezirk Enneberg (Marubium) gegen die mittägige Kalkgebirgskette
des Landes. Im Norden gränzt derselbe an das Landgericht Bruneck;
östlich scheiden ihn hohe Gebirge von dem Gerichtsgebiete Welsberg

und dem südlichen Ampezzo, welches mit dem Landgerichte Buchenstein die mittägige Gränze bildet. · Auch dieser Theil unseres Vaterlandes war schon sehr frühe bewohnt. Wenn auch bei dem gänzlichen Mangel historischer Denkmale nicht erwiesen, scheint doch die
Ansicht jener im hohen Grade glaubwürdig, welche in den Bewoh-
nern Ennebergs Reste römischer Ansiedelung erblicken, Flüchtlinge
aus der Mansion Litamum und dem nahen Pusterthale, die sich
zur Zeit der Völkerwanderung vor den Verfolgungen der fremden Horden in dieses abgeschiedene Thal zurückgezogen und un-
gestört verborgen hatten. Diese Vermuthung wird insbesondere
durch die eigenthümliche Sprache des Thales sehr unterstützt, die
von den Einwohnern Ennebergs selbst Ladin genannt, obwohl ein
Gemische von verschiedenen Formen, im Grundtone unverkennbar
den Typus der römischen Vulgarsprache an sich trägt. Andere
überlassen sich sogar der Vermuthung, daß die gegenwärtigen Thal-
bewohner von Enneberg Abkömmlinge des tuskisch-tyrrhenischen
Volkes seien, das in der vorrömischen Zeit vom Fuße der Alpen an
den größten Theil von Ober- und Unteritalien kultivirte und beherrschte;
daß sie dieselben Aborigines zu ihren Stammältern haben, welche
von den Bergen herabstiegen und Latium gründeten. Sie nehmen
daher auch an, daß sie die nämliche Sprache, wie diese, ursprünglich gesprochen haben. Indessen ist und bleibt dieses alles nur
Vermuthung. — Die älteren Urkunden aus dem zehnten und eilften
Jahrhunderte führen die Gaugrafen im Pusterthale als Herren von
Enneberg an. Volkhold, ein Sohn des Grafen Ottwin von Lurn
und Pusterthal, erhielt mit andern die Veste Suanapurk (Sonnenburg) und Enneberg als Erbtheil und stattete das 1020 zu einem
adeligen Frauenkloster umgestaltete Schloß mit seinen Besitzungen in
Enneberg aus. So kam der Bezirk Enneberg mit den Gemeinden
Wengen, Abtei, Corvara unter die Gerichtsbarkeit und Grundherrlichkeit des adeligen Frauenstiftes zu Sonnenburg, unter welcher es
bis zur Aufhebung (1785) des Klosters stand. Der Hauptort des
ganzen Landgerichts-Bezirkes ist Enneberg, eine große Gemeinde mit
1690 Einwohnern. Frühe schon blühten hier einige ansehnliche
Adelsfamilien. Unfern von dem Weiler Manetan findet man den
Edelsitz Rost, welcher einst von den Edlen, später von den Frei-

herren von Rost bewohnt wurde, jetzt Eigenthum eines Bauersman-
nes ist. Wir finden schon im Jahre 1195 einen Hartwig von Buchenstein, wie auch 1296 einen Conrad „de costa de Livinalongo;"
können aber nicht sagen, welcher von diesen Stammvater dieses Geschlechtes ist; dies ist uns erst mit Mainle I., genannt „vom Hofe
am Rost in Enneberg," möglich; er saß früher in Buchenstein und
kommt daher oft auch unter dem Namen „von Buchenstein" vor.
Was ihn bewogen hat, sein Hauswesen nach Enneberg zu verlegen,
ist unbekannt, wohl aber ist gewiß, daß er weder an der Herrschaft
Buchenstein, da Schloß und Gericht dem Hochstifte Brixen und
später den Herren von Schöneck durch Lehensvertrag gehörte, noch
an der Herrschaft Enneberg irgend einen Antheil hatte, weil diese
das Kloster Sonnenburg besaß; vielmehr gelobt Hans von Rost
1340 als „ein Freimann, wie sein Vater und Ohm gewesen, immer
bei dem Stifte Sonnenburg zu bleiben." — Ein späterer Hans
kaufte 1502 den Ansitz Aufhofen, von dem er und seine Nachkommen sich nebst „von Rost" auch „von Aufhofen" nannten. Dionysius von Rost zu Aufhofen erhielt 1570 als Rath des Erzherzog
Ferdinand die Herrschaft Uttenheim zum Pfande; sein Sohn Johann
Gaudenz wurde der Stammvater der Freiherren von Rost, indem
sein Enkel Dionysius, geheimer Rath und Statthalter in Freiburg,
in den Freiherrenstand erhoben wurde mit dem Prädikate zu Singen
und Megbburg, Orte im Nellenburgischen in österreichisch Schwaben.
Im Jahre 1731 wurde dem Johann Gaudenz von Rost, der kaiserlicher geheimer Rath, General und Commandant der Festung Ehren-
berg war, der Grafen-Titel verliehen. Doch nicht lange mehr
blühte diese Linie, welche mit seinen zwei Nichten Walbburg, der Erbin
der Herrschaften Singen und Megbburg, und Theresia im Jahre
1791 erlosch. Vierzehn Jahre nachher starb mit Josef von Rost, der
Chorherr von Innichen war, auch jene Linie aus, die sich einfach
„von Rost und Aufhofen" schrieb. —

Nebst den Edlen von Rost saßen auf Enneberg auch die Edlen
Pracken von Asch auf dem gleichnamigen Ansitz, der nahe beim
Pfarrdorfe Enneberg gelegen, schon frühe seinen eigenen Adel hatte,
von dem wir aber nur den einzigen Leonhard, der sich nur „von
Asch," nannte, kennen. Seine Tochter vermählte sich mit Nikolaus,

der Prack (cane) genannt, welcher der Sage nach aus Verona in die Gebirge von Enneberg flüchtete und da um 1308 der Stamm-vater jenes Geschlechtes wurde, das sich in der Folge nach dem ihm von seiner Gattin zugebrachten Ansitz und nach seinem Namen „die Pracken von Asch" nannte. Diese Edlen erwarben sich hier-auf theils durch Kauf, theils durch Heirath noch mehrere andere Besitzungen, als Angerburg auf Reischach, Luttach auf Pfalzen, das Schloß Fragsburg bei Meran, Prackenstein bei Bozen. Deß-ohngeachtet behielten sie immer ihr altes Stammwappen (einen auf den Hinterfüßen aufrecht stehenden Hund) auf Schild und Helm bei, obwohl man auch findet, daß einige Familienglieder das Wappen des österreichischen Geschlechtes „der Zoppel von Haus" mit ihrem alten Stammwappen vereinigten, vermuthlich aus dem Grunde, weil Paul Prack Sophie Zoppel von Haus, eine Schwester des österrei-chischen Kanzlers, zur Ehe hatte und nach dem Erlöschen des Zop-pel'schen Geschlechtes die Erlaubniß erhielt, das erledigte Wappen zu führen. (Hollmers Wappenbuch P. I. fol. 39). Gabriel Prack, ein Sohn des Nikolaus und der Diemut von Pikolein, verewigte sich durch seine 1458 gegen die Zinsbauern von Sonnenburg ver-übte Grausamkeit. (Sinn. Beitr. VI. Bd. S. 419). Von andern dieses Geschlechtes erzählt sich das Volk gar viel Wunderbares und Abenteuerliches. Mit Anfang des 18. Jahrhunderts aber kam es durch unüberlegte Heirathen und dumme Streiche ganz in Verfall und erlosch 1830. Nicht zu verwechseln mit den eben zwei genann-ten Adelsgeschlechtern sind die Kolzen von Abtei, die auch bisweilen unter dem Namen „von Enneberg" vorkommen. Hinter den Höhen von Kostamühl steigt der von Pederoa herziehende, fast ebene Thal-weg plötzlich steil empor und führt aus dem bisher engen Gader Thal auf eine weite rundliche Fläche, rings von Gebirgshügeln und waldigen Abhängen umschlossen, über welche die nackten Dolomit-Zacken in einer schauerlichen Höhe aufragen. Diese Hochebene ist das Gebiet der Gemeinde Abtei (Badia). Den Namen leiten einige mit vieler Wahrscheinlichkeit aus der Grundherrlichkeit der Abtissin oder Abtei des Frauenklosters Sonnenburg über die Ortschaften die-ser Gemeinde ab. Sie ist aus den Seelsorgsbezirken St. Leonhard, St. Cassian und Stern zusammengesetzt. Nördlich in kleiner Ent-

fernung von St. Leonhard steht am rechten Ufer der Gader der
abelige Ansitz Kolz, die Stammburg des gleichnamigen Geschlechtes.
Wenn wir auch den Stammbaum dieser Familie nur bis auf das
Jahr 1514, in welchem Kaspar von Kolz, „auf der Abtei im Gerichte Enneberg gesessen," mit Tod abging, zurückführen können, so
läßt sich dennoch aus nicht unklaren Spuren fast mit Zuversicht
behaupten, daß dieses Geschlecht weit in das Alterthum zurückreicht.
Nebst den Ansitz Kolz besaßen die Kolzen auch ben noch gegenwärtig erhaltenen, jedoch unsymmetrisch gebauten Edelsitz Freieck, jetzt
ein Gasthof in dem Weiler Pikolein, eine Viertelstunde nördlich von
St. Martin an der Thalstraße am rechten Ufer der Gader gelegen.
Ebenso besaß Hans Kolz 1573 den Meierhof in der Mahr, einem
Weiler eine halbe Stunde südlich von Brixen in einer weiten Ebene,
die durch das Turnier, in welchem Ulrich von Lichtenstein den Finger verlor, in seinem Gedichte: Aventiúr, wi Uolrich sinen vinger
verlos, verewiget ist. Auch der Ansitz Pallwitt, unterhalb Brixen
auf einer gar lieblichen Anhöhe gelegen, war einst Eigenthum
der Kolzen von Abtei. Doch alle diese Besitzungen verloren sie
großen Theils, nachdem Hans von Kolz und sein Sohn Kaspar
um 1581 den Franz Wilhelm Prack von Asch meuchelmörderisch
erschlagen hatte und eben deswegen landesflüchtig geworden war.
Thomas starb als der Letzte dieses Geschlechtes im Jahre 1680.

Ehrenburg.

Dort, wo der Getzenberg gegen Osten sich niedersenkt und in
buschige kleine Hügel übergeht, am linken Ufer der Rienz, ruht halb
verborgen in freundlicher, fruchtbarer Lage das Dorf Ehrenburg,
für sich allein die ganze Gemeinde bildend. Nördlich vom Dorfe
leuchtet aus der wildschönen Waldgegend das stattliche Schloß
Ehrenburg hervor, das Stammschloß der Grafen von Künigl,
dessen unter dem Namen Airnburg nach der Aufklärung des Schloß-
Archives schon im 11., wie auch im 12. Jahrhundert nach den Urkunden III. 466, 367 Erwähnung geschieht. Im Jahre 1198 erscheint
in einer Urkunde des Archives Zellburg Arnold von Ehrenburg
als Zeuge, da Otto von Welsberg seinem Bruder Schwiker eine

Mannschaft Zelle verkauft, und eben dieser Arnold dürfte wohl der Stammvater dieses uralten Geschlechtes sein. Andreas Zippock, 1639 Kaplan auf Ehrenburg, sagt zwar, daß die Grafen von Künigl von den Alten von Kastelrut abstammen, weil die von Ehrenburg mit ihnen ein gleiches Wappen führten. Es ist nun allerdings wahr, daß die von Pyrai auf Kastelrut, nicht aber die Maulrappen und Mueßaugen, im Jahre 1308 — 1312 ebenso wie die Herren von Ehrenburg gesigelt haben; allein aus einer einfachen Wappengleichheit einen solchen Schluß ziehen, dürfte doch sehr gewagt sein, um so mehr, da keine andere Beweise für eine solche Behauptung vorliegen. Sicher mehr begründet ist die Meinung derjenigen, welche sagen, daß die Edlen von Ehrenburg einst mit den Alten von Kiens (Sieh' diese unter Kiens) ein und dasselbe Geschlecht gebildet haben und daß ein Bruder oder Sohn jenes reichbegüterten Aribo, der in der Mitte des 11. Jahrhunderts lebte, sich auf dem Kiens gegenüber liegenden anmuthigen Ehrenburg niedergelassen und eine eigene Linie gebildet habe, deren ältesten Glieder wir leider nicht kennen. Jedoch von der Mitte des 13. Jahrhunderts bis auf den heutigen Tag können wir den Stammbaum dieses hochberühmten Geschlechtes ohne Unterbrechung verfolgen. Vom Jahre 1234 bis 1262 stand Rudolf von Ehrenburg durch seinen Rittersinn und Reichthum in allgemeiner Achtung. 1265 wird seine Gattin, deren Namen wir nicht kennen, Witwe genannt und im nämlichen Jahre werden ihre vier Kinder Adelheid, vermählt mit Arnold von Pfalzen, Heinrich, Christian I. und Arnold II. erwähnt. Durch die zwei letztern theilte sich das Geschlecht in zwei Linien. Christian I. nannte sich 1270 von Ehrenburg und Kiens gerade in dem Jahre, als Pernhart, ein Sohn Siboto's als der Letzte der alten Herren von Kiens gestorben war. Nach dessen kinderlosem Tode verlieh die Kirche von Brixen das erledigte Lehen Kiens seinem nächsten Verwandten Christian I., der sich nach demselben „von Kiens" nannte, wenn er es auch nur 8 Jahre inne hatte, und wurde so der Stammvater jener Linie, welche sich „von Ehrenburg und Kiens" nannte, die jedoch schon mit seinem Enkel Johannes von Kiens (sieh' Kiens) im Jahre 1394 erlosch.

Arnold **II.**, der „Kunich" (rex) genannt, gründete, vermählt mit
Kunigunde von Rischon, die heute noch in seinen ausgezeichneten
Abkömmlingen fortblühende Linie der Grafen von Künigl von
Ehrenburg, die sich so nach Arnold **III.** nennen, der 1338 den
Namen Kunich aus uns unbekannten Gründen in „Künigl" umge-
staltete. Sein Sohn Stephan erbaute 1370 die U. L. Frauen-
kirche auf dem Hügel, wo sie jetzt steht. An dieser Stelle war ehe-
mals, wie eine alte Aufschreibung berichtet, eine Heidengruft, welche
in den spätern Zeiten, als das Christenthum eingeführt worden, zur
Versammlung der Gläubigen und zum christlichen Gottesdienste
benützt wurde. Es ist die nämliche unterirdische Halle, welche zur
Gruftkapelle, der Schmerzenmutter Jesu geweiht mit einem uralten
Bilde, und zur gräflichen Familiengruft umgewandelt wurde. Georg Künigl, der jüngstgeborne Sohn Stephans, war 1430 —
1468 Pfleger zu Schöneck. Durch seine gründlichen Kenntnisse und
unerschütterliche Treue erwarb er sich im hohen Grade das Zutrauen
und Wohlwollen der Grafen von Görz, welche damals die Herrschaft Schöneck besaßen. Zum Lohne für seine ersprießlichen
Dienste verlieh ihm Leonhard, Graf von Görz, einen ewigen Burg-
frieden und das Gericht im Dorfe Ehrenburg „allenthalben auf
allen Gründen, Stücken, Leuten und Gütern mit allen Freiheiten
anno 1463." — Er war dreimal vermählt und hinterließ bei seinem
Tode 1470 von seiner zweiten Gattin Dorothea von Neukirchen und
von seiner dritten Margareth von Weineck, von deren Bruder Hildebrand ein sehr schöner Grabstein in Kiens noch vorhanden ist,
mehrere Kinder, die sich mit den angesehensten Häusern verbanden
oder sonst durch ihre Würden auszeichneten. Sigmund ließ sich
in Bruneck nieder und bewohnte jenes alte Freihaus in der
Nähe der Neukirche (jetzt Ursuliner-Klosterkirche), welches schon
sein Ahnherr Heinrich 1340 an sich gebracht hatte. In der Folge
kam dieses Haus an die Prenner und wurde 1550 von der Letzten
aus diesem Geschlechte an das Kloster Neustift verkauft, welches
dasselbe zur Wohnung für seinen Amtmann bestimmte. Martha
vermählte sich mit Ottmar von Blumeneck, Ursula mit Christoph
von Altspaur und nach dessen Tode mit Hartnid, Truchseß von
Hausen, Christine mit Gratiadei von Spaur. Barbara war

Abtiffin im abeligen Frauenstift zu Sonnenburg, deffen Klosterzucht durch die traurigen Händel des Bischofes Nikolaus von Cusa und des Landesfürsten Sigmund gänzlich in Verfall gekommen war. Die Abtiffin erhielt daher von dem Bischofe Georg Golser manche Vorschriften zur Verbefferung derselben, auf deren genauen Befolgung sie, unterstützt von ihrer Schwester Anna, Dechantin im nämlichen Stifte, mit solcher Energie und Klugheit drang, daß in kurzer Zeit die alte Ordnung wieder hergestellt war. In Betreff der weltlichen Regierung schloß sie mit Melchior, Georg Golsers Nachfolger, und mit Leonhard, dem letzten Grafen von Görz, friedliche Verträge, und gelangte nach sehr lobenswerther Amtsverwaltung im August des Jahres 1498 zur ewigen Ruhe. Christian war Benefiziat zu Kiens; Leonard ehelichte Katharina von Trautson; Gawein war nach seines Vaters Georg Tode Pfleger zu Schöneck und trat als solcher ganz in die Fußstapfen desselben. Er wurde von den Grafen zu Görz zu den wichtigsten Geschäften gebraucht, öfters nach Görz und Wien berufen und an auswärtige Höfe als Gesandter abgeschickt. Dadurch wurde er so in Anspruch genommen, daß er das Richteramt und die Pflege der Herrschaft Schöneck und seines eigenen Burgfriedens zu Ehrenburg nicht mehr in eigener Person verwalten konnte; daher finden wir an seiner Statt, wie auch schon zur Zeit seines Vaters Georg, untergestellte Richter auf Schöneck [29]). Gabein war vermählt mit Katharina von Cles, einer Schwester des Cardinal Bernard von Cles, der Bischof von Trient und Brixen war. Dadurch wurde das ohnehin schon große Ansehen dieses so

---

[29]) Solche waren 1. Kaspar Rasner aus dem Geschlechte der Edlen von Rasen; er war 1450—1457 »Pfleger und Richter zu Schöneck und Neuhaus und Burggraf auf Schöneck.« 1452 verleiht Heinrich, Graf von Görz, dem Kaspar Rasner, Pfleger auf Schöneck und Neuhaus, alle Bergwerke auf 10 Jahre, die in seiner Herrschaft erfunden worden.» — Er ließ daher auf dem Felsen oder Kiens nachgraben, aber vergebens. Das sogenannte Kofelloch und Arzenloch ober der Pfarrkirche zu Kiens schreibt sich daher. 2. Hans Gsunt, war 1458 Richter und Pfleger. 3. Nikolaus Kesnigk von Leonstein sigelt 1477 »des nächsten Sonntag nach den Osterfeyrtagen als Richter von Schöneck einen Brief für Lienhart den jungen Kofler auf dem Kofel, als er der U. L. Frauenkirche zu Ehrenburg seine Bergwiese auf Platten verkauft.« — »Niklaus Kesnigk derzeit des edlen und vesten Gabain Künigl Pfleger und Richter auf Schöneck.« (Archiv Schöneck).

eblen Geschlechtes noch bedeutend gehoben, das mit Kaspar, dem
Sohne Gaweins, gestorben 1492, immer höher stieg. Er war kaiserlicher Rath und Regent der österr. Regierung und erhielt das
tirolische Lehen Warth, eine Burg, theilweise noch im wohnlichen
Zustande auf einem Hügel nächst am Wege von Sigmundskron
nach St. Pauls, als dasselbe 1536 nach dem Tode des ohne Söhne
verstorbenen Augustin von Weineck heimfällig geworden war. Drei
Jahre früher wurde ihm das Gericht Welsberg zum Pfand übergeben. Vermählt mit Barbara von Welsberg, einer Tochter des
Christoph von Welsberg, Ritter und Pfleger in Taufers und Hauptmann in Bruneck, starb Kaspar 1541. „Anno domini MDXLI am
XIII. Tag Septembris starb der Edel und streng Ritter Herr Kaspar Künigl zu Ehrenburg u. s. w., der allda begraben leit." — (In
der Mitte das Wappen der Künigl, und vier kleinere an den Seiten, Welsberg, Cles, Neukirchen und Warth). Von seinen vier Kindern war Anna im Stifte zu Sonnenburg; Georg starb in der
Blüthe seiner Jahre als Page am Kaiserhofe; Kaspar ging in
das bessere Jenseits hinüber im Brautstande mit Elisabeth von
Schönwert, so daß nur mehr Bernard am Leben blieb. Er war
Hauptmann auf Peitlstein und zeichnete sich durch seine Umsicht,
Klugheit und Tapferkeit so aus, daß er von Kaiser Ferdinand 1563
in den Stand der Freiherren erhoben wurde. Der nämliche Kaiser
verpfändete ihm die Gerichte Toblach, Heimfels und Schöneck. [30]

---

[30] Nach dem Tode Engelmar's von Villanders wurden alle seine
Lehenschaften und Besitzungen zerstückelt. Das Gericht Rodaneck, welches
er zwischen 1342 und 1346 von Tirol zu Lehen bekam, wurde landesfürstlich. Die
Herrschaft Schöneck, Michaelsburg und Habersberg kam an die Grafen von
Görz, von denen er diese Besitzungen zu Lehen erhalten hatte. Durch den
im Jahre 1500 auf dem Schlosse Bruck bei Lienz erfolgten Hintritt des
Grafen Leonhard von Görz, trat Kaiser Maximilian I., Graf zu Tirol, als
Erbe in den Besitz aller görzischen Herrschaften, und somit wurde auch das
görzische Pusterthal wieder mit Tirol vereiniget. Aber der geldbedürftige
Kaiser und Landesfürst Maximilian I. fand es für gut, die vier neuererbten
Herrschaften und Schlösser im Pusterthal: Schöneck, Michaelsburg, Uttenheim und Heimfels noch im nämlichen Jahre dem reichen Fürstbischofe von
Brixen, Melchior von Meckau, mit einbedungener Wiedereinlösung zu verpfänden. (Geschehen am 3. Juli 1500). Daher erging sogleich der Auftrag
an den Pfleger von Schöneck, Wolfhart Fuchs, dem Bischofe das Schloß
abzutreten und die Unterthanen zur Huldigung aufzufordern. Allein die

Von seiner Gemahlin Elisabeth von Wels zu Eberstein hatte er nur
einen einzigen Sohn, Johann Kaspar, der als Oberſthofmeiſter
zu Innsbruck in den Beſitz der genannten Herrſchaften und Gerichte
eintrat, wie ſie ſein Vater, der am 7. April 1575 ſtarb und zu Kiens
„bei dem h. h. Dreikönigen Altar" begraben wurde, beſeſſen hatte.
Doch dauerte dieſer Beſitz nicht lange. Denn am 13. April 1581 ſchrieb
Thomas von Spaur, Fürſt-Biſchof von Brixen an ihn, daß ihm (dem
Biſchof) „die Pfandinnehabung der Herrſchaft Schöneck und der
zwei andern Herrſchaften im Puſterthale auf jetzt künftige Georgi
eingeantwortet werden ſoll;" — zugleich macht er Richtigkeit wegen
des Pfandſchillings per 31,000 Gulden. (Brief zu Ehrenburg im
Archiv). Und wirklich wurden in dieſem Jahre obige Herrſchaften
von Erzherzog Ferdinand um 98,400 Gulden an das Hochſtift
Brixen verpfändet mit der Bedingung, daß dieſe Verpfändung wenigſtens 25 Jahre dauern und daß Brixen bei einer weitern Verpfändung den erſten Antrag haben ſoll. Am 5. Oktober 1611 ließ
die landesfürſtliche Regierung, welche damals ihren Sitz in Sterzing
hatte, dem Hochſtifte Brixen anzeigen, daß der Erzherzog Maximilian
entſchloſſen ſei, die Herrſchaften und Schlöſſer Heimfels, Michaelsburg, Schöneck und Uttenheim mit allen Gerichten, wie ſelbe Erzherzog Ferdinand 1581 kaufweiſe dem Stifte überlaſſen, gegen Erlag
der Kauf- und Pfandſumme zurückzulöſen. (Sinnacher Beitr. Bd.
VIII. S. 99.) Brixen machte zwar Gegenvorſtellungen, aber vergebens. Im Jahre 1612 um Georgi wurde der Kaufſchilling zurück-
bezahlt, welcher in 98,400 Gulden und in einem ſpätern Anlehen
per 16,000 Gulden, alſo in Summa in 114,400 Gulden beſtand.
Im Jahre 1615 wurden dieſe vier Herrſchaften von der landesfürſt-
lichen Regierung an Engelhard Dietrich, Freiherrn von Wolkenſtein,
verpfändet, der ſie wahrſcheinlich bis zum Jahre 1640 inne hatte;
im Jahre 1648 war aber wenigſtens Schöneck wieder landesfürſtlich.
1654 wurde Schöneck und das untere Gericht Rodaneck (Unterdrit-
tel) wieder an Brixen verpfändet. Dagegen überließ Brixen die
Herrſchaft Anras an den Landesfürſten Erzherzog Ferdinand Karl

---

Gerichtsleute von Schöneck, Michaelsburg und Heimfels weigerten ſich anfangs, ihr Haupt unter den Krummſtab zu beugen, bis ſie endlich eines
Beſſern belehrt der Ordnung ſich fügten.

unb zahlte noch dazu 21,000 Gulben. Allein Erzherzog Sigmunb Karl erklärte den Vertrag seines Bruders für ungiltig unb forderte Schöneck unb das untere Gericht Robaneck mit Ungestüm zurück. Der Pfandschilling kam in die Residenz des Fürstbischofes, dessen Beamte ließen aber das Geld nach Neustift bringen unb in dem Hause des Hofrichters aufbewahren, woburch Neustift in große Verlegenheit kam. Indessen starb Erzherzog Sigmunb am 25. Juni 1665. Kaiser Leopold wurde nun unser Lancesfürst. Für Brixen ging ein neuer Stern der Hoffnung auf; allein auch er hörte die Vorstellungen des Fürst-Bischofes Sigmunb Alfons von Thun nicht, sondern ließ den Pfandschilling 50,000 Gulben nebst einem Schadenersatze von 9000 Gulben zurückbezahlen unb behielt die Herrschaften für sich. Auf diese unb keine andere Weise verlor Freiherr Johann Kaspar von Künigl, der vermählt mit Barbara, Freiin von Wolkenstein 1636 gestorben, unb sein Sohn Veit Künigl, Freiherr von Ehrenburg unb Warth, die Lehen Schöneck, Toblach unb Heimfels, mögen ältere unb neuere Geschichtsfreunde noch so alberne unb widersprechende Behauptungen aufstellen. Doch Veit Künigl wurde badurch in etwas entschädiget, baß er 1650 das tirolische Erbtruchseßamt erhielt, [31]) das ihm nebst seiner Heirath mit Elisabeth,

---

[31]) Erbämter waren im vormaligen deutschen Reiche die erblichen Aemter derjenigen Geschlechter vom hohen Adel, welche bei der Kaiserkrönuug die Reichs-Erzämter der Kurfürsten, wenn diese dieselben in eigener Person nicht ausüben wollten oder konnten, als deren Stellvertreter verwalteten unb daher von diesen damit belehnt wurden. Dieses Beispiel wurde in der Folge auch von andern Fürsten in ihren Ländern, und so auch von unsern Landesfürsten in Tirol nachgeahmt, wo der Ursprung einiger dieser Erbämter bis in die Mitte des zwölften Jahrhunderts hinaufreicht. Seit dem Ende des siebenzehnten Jahrhunderts bestanden in unserm Lande folgende zwölf Erbämter: das Erblandhofmeisteramt, das Erblandkämmereramt, bas Erb-landmarschallamt, das Erblandstallmeisteramt, das Erblandmundschenkamt, das Erblandtruchseßamt, das Erblandjägermeisteramt, das Erblandsilber-kämmereramt, das Erblandküchenmeisteramt, das Erblandvorschneideramt, das Erblandstabelmeisteramt, das Erblandfalkenmeisteramt. Die Funktionen dieser Aemter beschränkten sich größtentheils nur auf große Hoffeste, wobei die Inhaber derselben dem Landesfürsten persönliche Dienste zu leisten unb sich der ihnen zur Bezeichnung ihres Dienstes verliehenen Insignien zu bedienen hatten. Das Amt des Hofmeisters in Tirol, womit in frühern Zeiten öfters nicht bloß die oberste Aufsicht über die innere Haushaltung des landesfürstlichen Hofes, sondern auch die Ober-

Gräfin von Königsteck, großes Ansehen verlieh, das mit seinem Sohne Johann Georg den höchsten Grad erreichte; denn er wurde

vormundschaft über die minderjährigen Landesfürsten, und somit der größte Einfluß auf die Regierung des Landes selbst verbunden war, trat schon zu den Zeiten der ersten Grafen von Tirol in das Leben, und wurde anfänglich dem mächtigen Rittergeschlechte der Rottenburger zu Theil. Der erste dieses Geschlechtes, welcher dieses Amt verwaltete. und auf seine Nachkommen vererbte, war Heinrich II. von Rottenburg um das Jahr 1282; der letzte, der es besaß, Heinrich VII., jener gewaltige Hofmeister von Tirol, Landeshauptmann an der Etsch und Hauptmann des Bisthums Trient, der es wagte, mit seinem Landesfürsten zu rivalisiren, aber dadurch seinen und seines Hauses gänzlichen Sturz herbeiführte. Nach dem Erlöschen dieses Geschlechtes (1411) kam das Erblandhofmeisteramt an die Ritter von Weißbriach und erbte sich vom Vater auf Sohn und Enkel fort, bis es im Jahre 1496 an die Familie Trapp gelangte, die sich noch gegenwärtig in dessen Besitz befindet.

Das Amt eines Kämmerers von Tirol bestand ebenfalls schon unter dem Landesfürsten Meinhard II. von Tirol, und von 1295 an kam es an verschiedene Geschlechter des Ritterstandes. Als nach dem Tode des Landesfürsten Herzogs Friedrich IV. mit der leeren Tasche 1439 dessen Sohn Sigmund als noch minderjährig unter die Vormundschaft des Herzogs Friedrich V. von Oesterreich kam, war unter den Bedingnissen die erste, den jungen Prinzen im Innthal zu lassen und ihm unter vier Erbämtern auch einen Kämmerer zuzuordnen. Nach manchem Wechsel verlieh der Landesfürst Ferdinand I. von Tirol 1525 dies Erbamt seinem Getreuen, Hildebrand von Eles, zu Lehen, und zwar mit beigefügter Gnade, daß fortan alle Nachkommen männlichen Geschlechtes seines Namens und Stammes Erbkämmerer der fürstlichen Grafschaft Tirol sich schreiben können und immer der Aelteste dieses Geschlechtes das Erbkämmereramt zu Lehen tragen soll.

Das Amt eines Landmarschalls von Tirol ist sehr alten Ursprungs und eine Nachahmung des Reichsmarschallamtes, welches einst als Erzamt dem Kurfürsten von Sachsen zukam, der es wieder durch einen von ihm ernannten Erbmarschall, den ältesten Grafen von Pappenheim, verwalten ließ. Die mit diesem Amte verbundenen Verrichtungen bestanden von jeher vorzüglich darin, daß der damit bekleidete Reichs- oder Landmarschall auf den Landtagen die äußere Ordnung bei den Versammlungen aufrecht zu halten, dabei den Vorsitz zu führen, und das bei öffentlichen Feierlichkeiten zu beobachtende Ceremoniel anzuordnen hatte. In Tirol ist dem Erblandmarschall auch die Führung und Aufbewahrung der Landesmatrikel und die Besorgung aller darauf Bezug habenden Geschäfte übertragen, zu welchem Behufe demselben in seiner Abwesenheit ein Landmarschallamtsvertreter beigegeben ist. Bei dem Afte der Erbhuldigung trägt er dem Landesfürsten das entblößte Schwert voran. Zwar war es schon so weitem Umfange bestand Erbamt hier Landes schon in der zweiten Hälfte des zwölften Jahrhunderts, wo ein Ritter Eppo von Laubers um das Jahr 1178 als Marschall vorkommt. In den Urkunden von 1293 — 1311 erscheint Heinrich von Laubers im Besitze dieses Amtes, das vermuthlich nach dem Erlöschen dieses Geschlechtes an

7

wegen seiner vielen und großen Verdienste von Kaiser Leopold in den Grafenstand erhoben und erhielt 1684 von ihm die Herrschaften

---

jenes der Trautson und von diesen im Jahre 1780 an die mit ihnen ver=
schwägerte Familie der Fürsten von Auersberg überging, die noch gegenwärtig
in dessen Besitze sich befindet. Mit diesem Erbamte ist die Veste Sprechen=
stein bei Sterzing mit ihrer Zugehörde als Lehen verbunden.

Bei der großen Anzahl der fürstlichen Marställe und des dabei ver=
wendeten Dienstpersonales war es nothwendig, demselben mehrere Stall=
meister vorzusetzen, die an großen Höfen wieder unter einem höhern Hof=
Beamten als Oberstallmeister standen. Dieses letztere Amt wurde in der
Folge in eine erbliche Würde verwandelt, womit gewisse Familien förmlich
belehnt wurden. So entstand das Erblandstallmeisteramt. In Tirol ist
daßselbe mit dem Erblandvorschneideramte eines und desselben Ursprunges,
und beide diese Erbämter wurden von dem prachtliebenden Landesfürsten
Erzherzog Ferdinand laut Urkunde vom 24. März 1568 dem Geschlechte von
Wolkenstein unter folgenden Bedingnissen verliehen. „Es sollten die Vettern
Freiherren Christoph und Kaspar von Wolkenstein, und nach ihnen ihre
männlichen ehelichen Erben und derselben Erbeserben, fortan immer die
zwei Aeltesten, seien dieselben aus einer oder aus beiden Linien entsprossen,
diese beiden Erbämter vom Landesfürsten von Tirol zu Lehen empfangen,
und demselben darin dienen, so daß von den zwei Aeltesten aus einer oder
beiden Linien der Aelteste das Erblandstallmeisteramt und der Andere nach
ihm das Erblandvorschneideramt allein ausüben und dienen soll; sollte dann
etwa Alters oder Schwachheit halber Einer nicht mehr dienen können und
einen Andern aus einer von beiden Linien für ihn dienen lassen wollen, so
sollen doch nicht allein die vorgedachten Freiherren Christoph und Kaspar
von Wolkenstein und nach ihnen die zwei ältesten Lehenträger, wie vorbe=
zeichnet, sondern auch alle andern beider Linien ehelich gebornen männlichen
Erben und derselben Erbeserben, so lang sie bestehen, ein Jeder des Titels
Erblandstallmeister und Vorschneider der fürstlichen Grafschaft Tirol sich
bedienen; besonders aber kann sich Freiherr Christoph von Wolkenstein und
ein Jeder, der nach ihm das Stallmeisteramt, als das vornehmste von diesen
beiden Erbämtern, ausüben wird, oberster Erbstallmeister und Vorschneider
der fürstlichen Grafschaft Tirol schreiben und nennen, und soll von Jeder=
mann als solcher geehrt und dafür gehalten werden. Und wenn es sich ergibt,
daß der Landesfürst von Tirol von den Landständen in Tirol die Huldigung
aufnimmt, oder derselbe von einem römischen Kaiser oder König die Lehen
seines erblichen Fürstenthums und seiner Länder empfängt, soll denselben
Freiherren von Wolkenstein, die bei derselben Handlung gegenwärtig sind
und in ihren Erbämtern dienen werden, ein Geschenk, wie ungefähr bei den
andern dergleichen Erbämtern gebräuchlich, verabfolgt werden. Wenn von
den genannten Freiherren von Wolkenstein eine Linie ganz ausstürbe, so soll
das Erblandvorschneideramt, als das geringere, dem regierenden Landesfürsten
von Tirol, als Lehensherrn frei wieder heimfallen, und er alsdann dasselbe
nach seinem Gefallen einem andern Geschlechte von Adel im Lande Tirol zu
verleihen haben.”

Michaelsburg und Schöneck als Pfand, in deren Besitze die gräfliche Familie noch ist. Nach einem thatenreichen Leben und segens-

---

Das Erblandschenkenamt schreibt sich schon aus den frühesten Zeiten her und wurde gewöhnlich einer Person höhern Ranges verliehen. Unter den weltlichen Erzämtern des Reiches war jenes eines Erzmundschenken, das dem Könige von Böhmen als Kurfürsten zustand, das erste, und bestand darin, daß er dem Kaiser bei der Krönungstafel den Pokal oder das Mundglas zu reichen hatte. Sein Stellvertreter in dieser Eigenschaft war der Erbschenk von Limburg, später der Aelteste der gräflichen Familie von Althan. Ein ähnliches Amt bestand auch in Tirol schon gegen das Ende des zwölften Jahrhunderts am Hofe der Grafen von Tirol, das in der Folge zu einem Erblandamte erhoben wurde. Schon in Urkunden von 1178 bis 1221 erscheint ein Ritter Conrad von Winterstetten als Mundschenk unter den Dienstmannen des Grafen Heinrich von Tirol und seines Nachfolgers Albert. Als letzterer am 29. Oktober 1237 vom Grafen Meinhard von Görz mehrere Lehen erhielt, war unter den tirolischen Edlen auch ein Ritter Hartwig der Mundschenk als Zeuge gegenwärtig. Um das Jahr 1259 und 1270 waren die Ritter Fuchslin und um 1300 die Ritter von Gagers im Besitze des Mundschenkenamtes. Dann kam es an den wackern Ritter Volkmar von Burgstall, der 1311 noch Pfleger auf dem Schlosse Spaur war, und unter dem Grafen Heinrich von Tirol sich bis zum Burggrafen und Landeshauptmann an der Etsch emporschwang. Nach dessen Tod kamen die Ritter von Metz in den Besitz dieses Amtes, die sich davon auch die Schenk von Metz schreiben. Noch im Jahre 1406 erscheint Ritter Kaspar Schenk von Metz als Mitglied des Elephanten-Bundes. Nach dem Erlöschen dieses Geschlechtes fiel es der Familie Spaur zu, und war eines jener vier Erbämter, welche dem minderjährigen Landesfürsten Erzherzog Sigmund während der Vormundschaft Friedrichs V. von Oesterreich beigegeben wurden.
Im Mittelalter hatte der Truchseß da, wo nicht besondere Oberstküchenmeister aufgestellt waren, die Oberaufsicht über die Hofküche zu führen, und wenn der Regent offene Tafel gab, die Speisen auf dessen Tisch zu setzen. Am deutschen Kaiserhofe war zu diesem Behufe ein Erztruchseßamt als eines der höchsten erblichen Aemter des Reiches eingeführt, welches der Kurfürst von Baiern und als Stellvertreter desselben der Erbtruchseß von Waldburg zu verwalten hatte. Bei der Kaiserkrönung mußte der Erbtruchseß (Archidapifer) den Reichsapfel vor dem Kaiser hertragen und bei dem offenen Krönungsmahle vier silberne mit Speisen gefüllte Schüsseln auf die kaiserliche Tafel setzen. In der Folge wurde dieses Ehrenamt auch bei andern Höfen eingeführt und zu einem Erblehenamte erhoben. In Tirol bestand es schon um die Mitte des dreizehnten Jahrhunderts in den Zeiten der selbständigen Grafen des Landes, und Berthold von Ruvina war als Truchseß unter den Zeugen, als die Gräfin Adelheid von Tirol auf dem Schlosse Zenoberg laut Urkunde von 1253 am 12. September die Investitur auf die von ihrem Vater Adalbert besessenen Lehen für sich selbst und ihre Erben beiderlei Geschlechtes vom Bischof Heinrich von Chur erhielt. Während von 1268 an Heinrich von Ruvina Canonikus zu Brixen war, erscheint laut

vollen Wirken als Landeshauptmann in Tirol, ging er am 11. August 1697 zur ewigen Ruhe ein. Von seinen zehn Kindern erwarb

Urkunde vom Hauptschlosse Tirol 1293 am 25. November unter dem Grafen Meinhard II. von Tirol der Ritter Sibot von Aurach im Besitze dieses Amtes. Hierauf kam dasselbe an die Edlen von Suppan, und als dieses Geschlecht mit Engelmar um 1399 ausstarb, fiel es an die Ritter von Botsch zu Zwingenburg. Unter diesen und andern Wechseln der Umstände hatte dieses Amt manche Veränderung zu bestehen, bis es endlich unter dem Lan-desfürsten Kaiser Ferdinand I. ein Erblandamt wurde, womit anfänglich die Ritterfamilie Bötsch, dann jene der Freiherren und Grafen Künigl belehnt wurde.

Bei der bekannten Vorliebe unserer alten Landesfürsten für das Ver-gnügen der Jagd; zu jener Zeit, wo noch in unsern Forsten das Wild sich in Menge vorfand, ist es leicht begreiflich, daß das Amt eines Jägermeisters in Tirol bis in die graue Vorzeit hinaufreiche. Bis in die Mitte des sechs-zehnten Jahrhunderts wurde dasselbe von verschiedenen Geschlechtern beklei-det, aber im Jahre 1578 zu einem Erblandamte erhoben, indem es der da-malige Landesfürst Erzherzog Ferdinand II. seinem Rathe, Kämmerer und Pfleger zu Rottenburg, Freiherrn Karl von Schurf zu Schönwert und Maria-stein um seiner und seiner Vorvodern Verdienste willen mit der Gnade ver-lieh, daß er und seine Erben männlichen Geschlechtes für und für und zwar allzeit der Aelteste dieses Namens und Geschlechtes, dies Oberstjägermeister-amt der gefürsteten Grafschaft Tirol bei jedem sich ergebenden Erledigungs-falle empfangen, darin bienen und bei den eintretenden Gelegenheiten ein Geschenk, wie bei den andern dergleichen Erbämtern erhalten sollte. Dieses bestand in einem schön verzierten Hirschfänger. Nach Absterben der Familie Schurf ging dieses Ehrenamt an jene der Füeger und von diesen an die Grafen von Tannenberg über.

Das Erblandsilberkämmereramt ist wahrscheinlich nur eine Nachah-mung des einst im deutschen Reiche bestandenen Erzamtes eines Erzschatz-meisters, womit der Kurfürst von der Pfalz beehrt wurde, und dessen Ver-richtung darin bestand, dem erwählten Kaiser die Reichskrone voranzutragen, und wenn der Kaiser Hof hielt geprägte Münzen unter das Volk auszu-werfen. An kleineren Höfen begnügte man sich mit dem bescheidenern Titel eines Silberkämmerers, dann die Sorge über alles Silbergeräthe und die Oberaufsicht über die Personen, deren Händen dasselbe anvertraut werden mußte, zustand. So entstand auch in Tirol das Silberkämmereramt, das endlich in ein Erbamt überging, als es vom Landesfürsten Maximilian III. von Tirol während seiner Regierung von 1602 bis 1618 dem Geschlechte der Freiherren von Brandis unter der Begünstigung anvertraut wurde, daß immer der Aelteste dieses Geschlechtes dies Erblandamt bekleiden und Jeder dieses Namens und Standes sich Erblandsilberkämmerer der gefürsteten Graf-schaft Tirol nennen und schreiben sollte.

Das Amt eines Küchenmeisters von Tirol, dessen Funktion schon der Name andeutet, bestand schon in grauer Vorzeit. Doch ein Erblandamt ward es erst später und wurde mit dem Erblandstabelmeisteramte vereint,

sich unvergänglichen Ruhm und ewig gesegnetes Andenken sein Sohn Kaspar Ignaz. Erst dreizehn Jahre alt erhielt er durch Dominikus, Prälat zu Wilten, mit bischöflicher Erlaubniß die klerikalische Tonsur, worauf er am 9. Oktober desselben Jahres 1684 in das neuerrichtete Benefizium zu Ehrenburg eingesetzt wurde. Am 5. April 1692 wurde er vom Fürstbischof Johann Franz zum Subdiakon, am 21. April zum Diakon und am 22. Dezember zum Priester geweiht. Das Kanonikat zu Brixen hatte er im Jahre 1687 von Rom aus und das Dekanat durch freie Wahl des Domkapitels im Jahre 1701 erhalten. Durch kaiserliche Ernennung war er auch Propst des Kollegiatstiftes zu Innichen, wie auch des Benefiziums zu Ehrenburg. Die von diesen zwei Stiftungen gezogenen Einkünfte verwendete er zum Besten dieser Kirchen. Am 8. Juni 1702 wurde Kaspar Ignaz Fürstbischof von Brixen. Welche Verdienste er sich in dieser hohen Würde für das Vaterland und seine Diözese gesammelt, kann hier nicht erzählt, sondern nur angedeutet werden. Gleich im ersten Jahre seiner Regierung bewies er bei dem bekannten französisch-baierischen Einfalle in Tirol eine unerschütterliche Treue und Anhänglichkeit an das allerhöchste Kaiserhaus, die ihn kein Geld-

---

vom Landesfürsten Ferdinand II. von Tirol laut Urkunde von 1568 am 26. März dem Freiherrn Christoph von Welsberg zu Primör für sich selbst und seine Nachkommen verliehen. Von dieser Zeit an blieben diese beiden Erblandämter bei dieser Familie, deren der Aelteste immer als Lehenträger erscheint.

Das Amt eines Erblandvorschneiders von Tirol entstand mit dem eines Erblandstallmeisters, — wie auch das Erblandstabelmeisteramt mit dem Erblandamte eines Küchenmeisters errichtet und mit diesem vereint wurde.

Die Falkenbeitze oder Jagd, bei welcher man die Vögel mit abgerichteten Falken fängt, gehörte einst zu den Hauptvergnügen der Fürsten und Edelleute. Gut abgerichtete Falken waren daher das köstlichste Geschenk, das ein Vasall seinem Lehensherrn machen konnte. Einem solchen Geschenke verdankt wahrscheinlich das Erbamt eines Falkenmeisters von Tirol seinen Ursprung, das laut Urkunde von 1691 am 7. November vom Kaiser Leopold I eingeführt und dem Grafen Franz Anton von Collalto, k. k. geheimer Rath und Kämmerer, verliehen wurde. Allein dieser Leheninhaber starb ohne männlichen Erben und so fiel es wieder dem Landesfürsten heim. Bei der Huldigung von 1711 war es erlediget und blieb unausgeübt. Hierauf aber kam es an die Grafen von Sonnberg, und in der Folge an die Freiherren von Sternbach. (Die Erblandämter in Tirol von J. Emmert).

opfer und Lebensgefahr scheuen ließ. Als die Ruhe wieder hergestellt war, besuchte er sein ganzes, weit ausgedehntes Bisthum bis
an die äußersten Gränzen und bis in die abgelegensten Thäler in
eigener Person und zeigte bei diesem an sich schwierigen Geschäfte
eine solche Umsicht, Liebe und Freundlichkeit, daß er sich die Herzen
aller gewann. Er führte in seinem Sprengel die Missionen durch
Priester aus der Gesellschaft Jesu ein und spendete zum Unterhalte
derselben 5000 Gulden; er machte dem willkührlichen Wandern
der bienenden Priester in seiner Diözese ein Ende und verwendete
zu Stiftungen eigener Seelsorger, Benefizien und Hilfspriester ungefähr 100,000 Gulden. Vorzüglich machte sich unser Fürstbischof
durch den Bau der Domkirche in Brixen unvergeßlich. Dieses zwar
wegen seines Alters ehrwürdige, doch finstere, unbequeme, ganz un-
regelmäßige Gebäude drohte dem Einsturze, und mußte daher einen
großen Umbau erhalten, auf welchen schon Johann Franz Kuen
und dann auch Künigl in den frühern Regierungsjahren dachten.
Josef Delaja, Baumeister zu Bozen, wurde darüber zu Rathe gezo-
gen; er verwarf aber alle Anträge von Reparationen, sondern trug
seine Dienste für den Fall an, wenn die Domkirche unter einem
einzigen Gewölbe, folglich beinahe vom Grund auf neu gebaut
würde. Der Fürst scheute die Unkosten und ließ im Mai 1745 mit
einigen Reparaturen den Anfang machen; doch änderte er seine
Gesinnung und beschloß am 14. August desselben Jahres bei einer
Konferenz, zu welcher der Domkustos, Baron von Koreth, einige
Hofräthe und Bauverständige (unter diesen war Paul Glatzl, Eremit
von Wiesele im Oberinnthale) einberufen wurden, den Dom ganz
neu zu bauen. Nach welchem Plan war noch nicht bestimmt; erst
am 31. Oktober wurde der vom Baumeister Delaja gezeichnete, großen Theils vom Hofrathe und Kammerdirektor Peißer angegebene
Bauriß gutgeheißen und festgesetzt. Der Fürstbischof versprach jähr-
lich, so lange der Bau dauerte, aus der fürstlichen Kammer 6000
Gulden und noch besonders zum Bau des einen Thurms 4000
Gulden beizutragen. Doch den Ausbau unseres herrlichen Domes
erlebte Kaspar Ignaz nicht mehr; es überraschte ihn der Tod, über
dessen nähere Umstände Roßbichler (Vit. episc. tom. IV. p. 512)
Folgendes erzählt: „Am ersten des Heumonaths vor 6 Uhr in der

Frühe brach der Bischof zu Brixen auf, bei welcher Gelegenheit ihn ein unerwartetes Ereigniß in einige Tiefsinnigkeit versetzte; denn nachdem er aus seinem Zimmer herausgetreten und solches der Kammerdiener geschlossen hatte, auch beide kaum einige Schritte davon weg waren, bemerkten sie, daß sich die Thüre plötzlich selbst öffnete und wieder selbst schloß. Der Kammerdiener trat zurück und fand die Thüre verriegelt. Beide sahen einander starr an, erbleichten, bestiegen den Wagen und kamen bei ziemlich feuchtem Wetter in Ehrenburg an. Daselbst bemerkte Kaspar Ignaz eine Verschleimung mit Husten. Sogleich bereitete er sich zu einem seligen Hinscheiden vor und empfing mit großer Andacht zur Erbauung aller Anwesenden die h. Sterbsakramente. Der Weihbischof wurde nach Ehrenburg berufen, um den Kranken zu trösten und dem Sterbenden beizustehen. Allein in Betreff des Erstern munterte Kaspar den Weihbischof und die anwesenden Hofleute vielmehr durch sinnige Reden auf, als daß er eines Trostes nöthig gehabt hätte. Er behielt seine angeborne Munterkeit bis ans Ende und verharrte ununterbrochen in einem freudigen und festen Vertrauen auf Gott, der die Seinen nicht verläßt. Künigl zählte bei seinem Tode 76 Jahre seines Lebens, das 51. seines Priesterthums, das 46. seiner fürstbischöflichen Regierung. Groß war die Trauer der ganzen Diözese, als sich die Nachricht vom Hinscheiden ihres größten Wohlthäters und liebenswürdigsten Oberhirten verbreitete; doch viel größer bei seiner tiefbetrübten zahlreichen Verwandtschaft. Seine Geschwisterte waren ihm zwar alle schon vorausgegangen; Sebastian Johann Georg als Landeshauptmann, Elisabeth, Hofdame, Karl, Domherr zu Trient und Brixen, Anna, Gattin des Grafen Ferdinand Spaur, Sigmund, Domherr zu Brixen, Veit Dominikus, Oberstwachtmeister bei Belgrad, Claudia, Gattin des Fürsten Leopold von Lamberg, und Johann Bernhard, geheimer Rath und Kammerpräsident zu Innsbruck. — Doch den betrübenden Hintritt des geliebten Oheims mußten ihre Kinder erleben, die mit ihren Aeltern in gleich hohen Würden und eben so vielen Verdiensten glänzten. Leopold Josef, Graf von Künigl, wurde vermählt mit Aloisia Laschansky, Herr zu Campan in Böhmen und gründete die bömische Linie der Grafen von Künigl; Josef Franz war,

Deutschordens-Commandeur zu Sterzing und sein Bruder Franz Alex, Domherr zu Salzburg. Alexander starb als geheimer Rath, vermählt mit Antonia Fürstin von Trautson 1781 zu Innsbruck, wo ihm sein Bruder Innozenz als Vicepräsident, verehelicht mit Maximiliana, Fürstin von Hohenzollern Hechingen, sechszehn Jahre früher vorausgegangen war. [32]) Philipp, Graf von Künigl,

[32]) Ich halte es für eine Versündigung an der Menschheit, wenn immer nur Staatsmännertugend, Heldenmuth und ausgezeichnete Gelehrsamkeit öffentliche Huldigung empfängt, und hingegen von der stillen häuslichen Tugend, dem anspruchlosen Samenkörnlein von so vielem Guten und Herrlichen in der Welt, selten die Rede ist. Wie sollte das Vaterland ein Verdienst vergessen können, dem ein großer Gelehrter, Schlichtegroll, in seinem Nekrolog auf das Jahr 1798 (Gotha bei Perthes 1802 I. Bd. S. 115.), tief im Norden Deutschlands unter den ausgezeichnetsten Personen Deutschlands ein öffentliches Denkmal stiftete. Gräfin Maria Anna, Tochter des Grafen Alexander von Künigl, war geboren zu Innsbruck im Jahre 1741 am 10. November; sie erhielt von ihrem Vater und ihrer Mutter eine fromme Erziehung. Wurde auch, wie sie selbst sagte, nicht große Sorgfalt auf Erwerbung glänzender Eigenschaften und vieler Kenntnisse verwendet, so bewahrte ihr doch diese religiöse Richtung jene Kindlichkeit und Seelenruhe, die mehr werth ist, als alle großen Talente. Frühe Religiosität ist ein Stamm, aus dem viel Gutes und Herrliches hervortreibt, und an den sich jegliche Tugend, wie selbe auch gepflanzt worden sein mag, zumal in einem weiblichen Gemüthe, hineinrankt und gedeiht; hingegen ist der Mangel solch kindlicher Religiosität durch nichts zu ersetzen. So wurden Keime des Strebens nach Vollkommenheit und der Selbstüberwindung in ihre junge Seele gepflanzt, die sich nachher zu den herrlichsten Eigenschaften entwickelten und sie zu einer der Würdigsten ihres Geschlechtes erhoben haben. Im Jahre 1763 am 4. Juli verheirathete sie sich mit dem Grafen Kaspar von Migazzi, k. k. Kämmerer und Obersten bei dem k. k. Infanterie-Regimente Caprara. Sein Stand als Krieger verband sie, ihn auf seinen Zügen zu begleiten — die wahre praktische Methode, sich Menschenkenntniß zu erwerben, welche ihr dadurch auch in hohem Grade eigen wurde. Oft veränderte sie ihren Wohnsitz und überall wurde sie geliebt, geschätzt und bewundert. Die Natur war freigebig gegen sie gewesen, und Jedermann huldigte ihrer einnehmenden und reizenden Gestalt; nur schien es in bescheidener Unbefangenheit nicht zu wissen, wie schön sie sei. Sie besaß einen gesunden richtigen Verstand, und war unablässig bemüht, ihn auszubilden, nicht um damit zu glänzen, sondern um dadurch in ihren häuslichen Verhältnissen für Mann und Kinder desto nützlicher zu werden. Im Jahre 1770 am 13. Juni verlor sie ihren ersten Gatten, den sie geachtet und geliebt hatte und herzlich betrauert. Ein Jahr darnach, den 28. Juli 1771 vermählte sie sich wieder mit dem Grafen Christof von Thürheim, wirklicher k. k. Kämmerer, geheimer Rath und damals Regierungspräsident und Landeshauptmann in Oberösterreich, der ihren ganzen Werth zu schätzen mußte, und sie zur glücklichsten

wegen seiner vielen Verdienste um den Staat zum Ritter des goldenen Vließes geschlagen, hatte aus seiner Ehe mit Judith, Gräfin

Gattin machte; sie erwiederte dies mit der dankbarsten, treuesten Gegenliebe.
In der That war diese Ehe ein Muster seliger Eintracht, Liebe um Liebe.
Achtung und Freundschaft, verbunden mit echter, ungeheuchelter Religiosität
im wahren Sinne, waren die Triebfedern aller Handlungen dieser edlen
Frau; das sah man aus der sorgfältigsten Aufmerksamkeit für ihren Gemahl,
so daß ihr auch keiner seiner leisesten Wünsche entging, aus der wahrhaft
muster. und tugendhaften Erziehung ihrer Kinder aus erster und zweiter
Ehe. Es war rührend zu hören, mit welcher Dankbarkeit sie die steten Beweise seiner Anhänglichkeit und Fürsorge erkannte und rühmte, wovon noch
ihr letzter zurückgelassener Brief ein bewährtes Zeugniß ablegt. Mit Klugheit und Besonnenheit besorgte sie die Ordnung der häuslichen Angelegen-
heiten des damals ersten Hauses in Linz; wo Fremde sowie Einheimische
immer mit gleicher Achtung und Freundlichkeit empfangen wurden. Das
hielt sie für die echte Sphäre der weiblichen Wirksamkeit, und deswegen
achtete sie kein dahin einschlägiges Geschäft für gering. Die Küche z. B.
ordnete sie täglich an, auch in ihren Kränklichkeiten, ja noch am letzten Tage
ihres Lebens. Ungeachtet ihrer schwächlichen Gesundheit und ihrer vielen
körperlichen Leiden erstreckte sich doch ihre Aufmerksamkeit auf jeden Gegen-
stand ihres großen Hauswesens, so gering er auch scheinen mochte. Sie ver-
gaß sich, um nur auf Andere zu denken und für sie zu sorgen; wo eine
Klage gehoben, wo ein Verdruß vermieden werden konnte, da geschah es
durch sie, und so machten ihre Tugenden das Haus ihres Gatten zur Wohnung des Friedens, der Freude und des stillen Glückes. Jeder ohne Unterschied des Standes war da herzlich willkommen, der anders nur auf wahre
Bildung und wissenschaftliche Kenntnisse Anspruch machen durfte. Ihren
Kindern war sie eine gute, zärtliche Mutter; mit Sanftmuth und steter
Sorgfalt bildete sie die jungen Gemüther und kettete sie dadurch mit unauf-
löslichen Banden der Liebe und Verehrung an sich. Graf Thürheim brachte
ihr aus seiner frühern Ehe mit der Gräfin Kaunitz-Rittberg eine Tochter, so
wie sie ihm einen Sohn und eine Tochter aus ihrer ersten Ehe mit Graf
Migazzi zu. Man weiß, und es ist in das Sprüchwort übergegangen, wie
leicht an dieser Klippe das weibliche Herz scheitert; ihr edler Sinn bestand
aber diese Probe. Ihr Herz und ihr Betragen machte keinen Unterschied
zwischen diesen Kindern aus verschiedenen Ehen, und eine der größten Freuden ihres Lebens fand sie darin, daß jene ihr zugebrachte Tochter sich später
mit dem Sohne, den sie aus erster Ehe hatte, vermählte. Selten wird aber
auch eine Stieftochter ihrer neuen Mutter so innig ergeben und so kindlich
dankbar sein, als die liebenswürdige und sanfte Gräfin Louise von Migazzi
es war, die nie anders als mit der innigsten Verehrung von dieser ihrer
zweiten Mutter sprach. So sehr in den gesellschaftlichen Zirkeln in der Stadt
ihre vortrefflichen Eigenschaften erkannt und geschätzt wurden, und so wohlthätig sie auch da auf ihre Umgebung wirkte, so lag es doch in ihrer zur
Stille geneigten Seele, das ländliche Leben allem Glanze der Städte vorzu-
ziehen. Ihr wohlwollendes Herz wünschte sich immer nur dahin, wo sie un-

von Stahrenberg nur einen einzigen Sohn Leopold. Dieser war mit Gabriela, Gräfin Künigl, vermählt und hinterließ bei seinem

---

bemerkt Gutes wirken konnte. Oft besuchte sie die Hütten der Armen, erkundigte sich freundlich nach ihrem Bedürfnisse, gab den Dürftigen Kleidung und Nahrung, den Kranken Arznei, jedem Traurigen Trost und Rath, selbst den mit dem Tode Ringenden stand sie, ein tröstender Engel, mit himmlischem Zuspruche bei. Ueberzeugt von den Mängeln, die bei dem Unterrichte der ländlichen Jugend stattfinden, suchte sie, wohlwollend und hellsehend, auch da zu helfen. Sie errichtete in Hagenberg eine Näh- und Strickschule, um die ländliche Jugend nützlich zu beschäftigen und die Mädchen die nöthigen Hausarbeiten erlernen zu lassen. Ihre Untergebenen und Hausleute versah sie mit Büchern, theils zur Erbauung, theils zur Unterhaltung, damit sie den Gefahren der Langenweile entgehen, und zugleich ihre nothwendigen Kenntnisse erweitern möchten. Wie oft ist doch das leidenschaftliche Betragen der Hausfrau gegen ihr Gesinde, ein rauher, unfreundlicher Ton, die Quelle des häuslichen Unfriedens, der dann wie ein unheilbarer Schaden um sich greift, das ganze schöne Verhältniß eines wohlgeordneten Hauswesens zerstöret, und, damit gar oft dem Gemüthe jugendlicher Domestiken für das ganze Leben eine nachtheilige Richtung gibt. Sie zeigte ihre höhere Geistes- und Herzensbildung durch Sanftmuth im Ertragen der Fehler ihrer Dienstleute, durch Klugheit in Ergreifung der Heilsmittel zu deren Verbesserung, durch stete Sorgfalt für ihr Wohl und besonders dadurch, daß ihr eigenes Beispiel diese dienende, oft ungebildete Klasse zur Frömmigkeit, zum Anstand und zur Bekämpfung aufbrausender Leidenschaften umsichtig hinwies. Sie besaß ganz eigentlich jene glückliche Gabe, nur für das Gute und Schöne ein Auge zu haben, und an Allem, was ihr vorkam, eher die gute als die schlechte Seite zu bemerken. Die lauterste Unschuld, ein kindlicher Sinn, Empfänglichkeit für alles Gute, zuvorkommende Freundlichkeit, Ernst mit Güte, unermüdete Thätigkeit, aufrichtige Bescheidenheit waren die edlen Blumen, aus denen der schöne Kranz ihrer Tugenden geflochten war. Alles dieses hatte um so größern Werth, weil es nicht so sehr von Außen angelernt, sondern die Frucht ihrer kindlichen Frömmigkeit war. Entfernt von Frömmelei ward ihre reine Andacht innigstes Seelenbedürfniß, und diese Frömmigkeit ward durch die Ausübung jeder schönen Tugend, die daraus hervorsproß, auch dem ehrwürdig, der diese Stimmung nicht aus eigener Erfahrung kennt, oder an sich betrachtet, einen Werth darauf legt. Sie fand Trost im stillen Gebete; aber ihre Gottesliebe zeigte sich noch mehr im Handeln, mehr noch in Ausübung gottgefälliger Werke der Barmherzigkeit. Tiefes Gefühl ihrer Abhängigkeit von Gott, ruhige Ergebung in jedes ihrer Schicksale, wahre kindliche Demuth gaben ihrem Charakter eine Festigkeit, die selten angetroffen wird. Man darf wohl sagen, ihr ganzes Leben war eine ununterbrochene Selbstverläugnung. Pflicht ging ihr über Alles und ihr kindlicher Sinn meinte, ein Werk der christlichen Barmherzigkeit sei gar nichts Verdienstliches, sondern könne nicht anders sein. So reifte sie unter Ausübung einer jeglichen Tugend ihrem Ende entgegen. Es war am 11. Oktober 1798, als sie im Frieden eines sanften Todes entschlief, betrauert und beweint von Nah und

Tode 1814 vier Kinder, von denen für uns der merkwürdste Leopold ist, Graf von Künigl, Freiherr von Ehrenburg, Warth,

Fern, von Vornehmen und Gemeinen. Ihr Andenken bleibt gesegnet. Besonders rührend sind die Briefe, welche sie einen Monat vor ihrem Tode an ihren Gemahl und ihre Kinder schrieb; sie lassen uns den Geist dieser schönen Frau in seiner ganzen Größe und Reinheit sehen. „An meinen Herrn. Der Gedanke der Trennung von den uns geliebten Personen ist schon so schreckenvoll, daß alle ihn gerne entfernen; wie viel weniger würde ich in jenem fürchterlichen Augenblicke zu sprechen fähig sein! Wenige Weiber sind ihrem Gatten so vieles schuldig, als ich dir bin! Nimm also hier schriftlich meinen lebhaftesten Dank an für alle Freundschaft, Liebe, Nachsicht und Großmuth, so Du mir die vielen glücklich verlebten Jahre unseres Ehebündnisses bewiesest. Niemals denke ich ohne die innigste Rührung an die zärtliche Sorgfalt, die du bei meinen vielen Krankheiten hattest, wie sehr du besorgt warst, mir alle mögliche Hilfe und Bequemlichkeit zu verschaffen. Daß kein Geist, kein Herz, mir über alle Glücksgüter und Annehmlichkeiten des Lebens, die Du mit mir theiltest, gewesen ist, warst Du überzeugt. Durch meine vernachlässigte Erziehung mangelte es mir an Bildung des Geistes und an jener Delikatesse, die überhaupt unter Freunden und Eheleuten nöthig ist, die aber besonders ein Mann von Geist und Nachdenken verlangt, der bei verdrießlichen Amtsgeschäften Aufheiterung in dem Umgange mit seiner Gattin sucht. Ohne meine Unwissenheit zu demüthigen, belehrtest Du mich und bewiesest mir in allen Stücken ein aufmunterndes Zutrauen. Das Bündniß Deiner vortrefflichen Tochter mit meinem Sohne vermehrte noch mein Glück und meine Zufriedenheit. Ihre vorzüglichen Gaben des Geistes und Eigenschaften des Herzens werden immer das Glück und die Ehre ihrer Familie sein. Ich bin versichert, daß unsere Kinder Dir zur Freude und zum Troste sein werden; die lange Erhaltung ihres würdigen Vaters ist ihr innigster Wunsch, wie der meinige, wozu ich die Bitte füge, alles beizutragen, was die Zufriedenheit Deiner Tage verlängern kann. Diese Hoffnung wird mich beruhigen, so wie die der Vergebung aller Fehler, womit ich Dich beleidigte, und die aus Mangel an Einsicht entstanden; denn unmöglich konnte ein Weib ihr glückliches Loos mehr erkennen als Deine Dich zärtlich liebende Gattin.‟

An ihre Töchter. „Meine geliebten Kinder! Wenn ihr dieses Blatt lesen werdet, wird euere Mutter schon unter der Erde sein. Ich kenne euere zärtliche Liebe zu mir, und wollte durch keine Abschiedsrede die schmerzliche Empfindung unserer Trennung vermehren. Nehmet denn hier nebst dem mütterlichen Segen, meinen zärtlichen Dank an für alle liebevolle Sorgfalt, die ihr mir erzeigtet und für die Zufriedenheit, welche mir Euer vernünftiges Betragen bei allen Gelegenheiten gewährte und so meine Jahre glücklich und vergnügt vorübergleiten ließ. Gott verhieß auch in dieser Welt denjenigen Kindern Belohnung, welche ihre Eltern ehren; so seid auch ihr seines Segens gewiß. Euer Leben fließe sanft in ununterbrochener Ausübung der Tugend dahin. Bei den jetzt herrschenden verderblichen Grundsätzen der Religionsverachtung ist es mein größter Trost, daß ihr unerschütterlich in den

Schöneck und Michaelsburg, Erbtruchseß, geheimer Rath und Kämmerer. Er war geboren 1764 und vermählte sich 1791 mit Creszentia Gräfin Taxis, Sternkreuz-Ordens Dame. Sein Leben fiel
gerade in jene Periode, in welcher unser Vaterland allenthalben von
Feinden umstürmt gar oft in Gefahr kam, eine Beute derselben zu
werden. Da zeigte Graf Leopold in den Berathungen, die er mit
seinen vielen gleichgesinnten Freunden über das Wohl unseres
Vaterlandes hielt, seine tiefe Einsicht und Klugheit, seinen Patrio-
tismus und seine unerschütterliche Anhänglichkeit an das allerhöchste
Kaiserhaus. Keine Mühe, keine Anstrengung war ihm zu beschwer-
lich, kein Beitrag war ihm zu groß, wenn der Nothruf des Vaterlandes einen solchen heischte. Daher zählte er den Tag, an welchem
Tirol wieder mit Oesterreich und seinem allerhöchsten Kaiserhause
vereiniget wurde, zu den schönsten seines Lebens. Zudem war Graf
Leopold ein Freund und Beförderer alles Schönen und Guten.
Als die löbliche Pfarrgemeinde von Kiens auf die Ermunterung
ihres damaligen hochverdienten Herrn Pfarrers, Eduard Maneschg,
Chorherr von Neustift, der noch gegenwärtig als 85jähriger Greis
von seinen Mitbrüdern geliebt und geachtet im Stifte lebt, sich zum
Baue eines neuen Gotteshauses entschloß, war es Graf Leopold,
der das Unternehmen mit Wort und That förderte, und nicht wenig
dazu beitrug, daß diese treffliche Gemeinde sich im Baue dieses

---

wahren Grundsätzen, alle unedlen, niedrigen Handlungen verabscheuen, das
hohe Glück der Religion schätzen und euren Kindern eindrücken werdet. Ich
weiß, daß ich nicht nöthig habe, euch anzuempfehlen, jetzt diese zärtliche Liebe
ganz für euren so verehrungswürdigen Vater zu vereinigen, welchem ihr ohne
Vergleich mehr schuldig seid, dem seine edlen Gesinnungen, seine Uneigen-
nützigkeit und Rechtschaffenheit die Verehrung und Hochschätzung aller Red-
lichen erworben haben. Er opferte sein Vergnügen bei allen Gelegenheiten
seinen Kindern auf, beschränkte seine Ausgaben und hielt genaue Ordnung
in seinen Geschäften. Ich weiß, daß jedes seiner Kinder nichts so sehnlich
wünscht, als zu seiner langen theuren Erhaltung beizutragen. Die Pflich-
ten als Gattinnen und Mütter, welche ihr so würdig erfüllet, lassen es aber
nicht zu, eure ganze Sorgfalt ihm zu widmen. Vereiniget also euere Bitte
mit der meinen, daß er sich eine seiner würdige Gefährtin wähle, die
seine Geschäfte und sein Wohl besorge, die unvermeidlichen Beschwerlichkeiten
der menschlichen Laufbahn mit ihm theile, ihn so beglücke, als er es verdient, und den Trost von den edlen Gesinnungen lange genieße, wie es
wünschet eure zärtlich liebende Mutter Thürheim, geb. Künigl.“ —

schönen und erhebenden Gotteshauses ein ewiges Denkmal ihrer Eintracht, Opferwilligkeit und tiefen Religiösität stiftete. Er war ein warmer Katholik, ein Vater der Armen und Nothleidenden, und zeigte während seines Sommeraufenthaltes in Ehrenburg den einfachen und schlichten Landleuten gegenüber eine solche Leutseligkeit und Herablassung, daß man noch jetzt beinahe 30 Jahre nach seinem seligen Hinscheiden (1835), sich die rührendsten Beweise davon erzählt. — Und diese Herablassung und Leutseligkeit, gleichsam ein Familien-Erbgut dieses gräflichen Geschlechtes, ist mit den übrigen trefflichen Eigenschaften des Vaters auf alle seine Kinder, die Grafen Leopold, Alexander, Ferdinand, Johann; die Gräfinnen Josefa, Creszentia, Friederika und Anna im reichsten Maße übergegangen. Nebst diesem hohen Adelsgeschlechte saß auf Ehrenburg auch das zwar alte, aber weniger bekannte Geschlecht „der Gschurren von Ehrenburg." Es hatte nebst dem Meierhof zu Vill auf Robaneck „mit Leut und Gut," hier einen Thurm oder Freisitz inne, welcher später an die von Weineck und von diesen an die von Künigl überging. Burglechner behauptet, daß die Gschurren auch einst das Schloß Ehrenburg inne hatten, was aber sicher nie der Fall war, indem, wie wir gesehen haben, die Herren von Künigl schon 1250 im Besitz desselben waren und ihre Nachkommen ohne Unterbrechung immer in demselben blieben, der erste aus dem Geschlechte der Gschurren aber erst zwischen 1260 und 1270 vorkommt. — Es erlosch dieses Geschlecht 1433 mit Jakob, der sich in Untervintl niederließ.

St. Michaelsburg.

Schon Julius Cäsar war auf die Alpenvölker unseres Vaterlandes aufmerksam geworden und nur sein Tod verhinderte die Ausführung der zu ihrer Unterjochung gemachten Entwürfe. Oktavius Augustus nahm den abgerissenen Faden des Planes zur Unterwerfung Rhätiens wieder auf; allein vom Jahre 635 — 739 nach Rom's Erbauung scheiterten alle Angriffe der Römer an dem Muthe der Alpenbewohner. Einzelne kleine Vortheile setzten die Römer noch nicht in den ersehnten Besitz des Landes, und nach einigen mißlungenen Versuchen blieben die Rhätier immer wieder einige Jahre von

neuen Angriffen ihrer Feinde verschont. Es war aber nun einmal
der feste Wille und wohlbegründeter Staatsplan der römischen Herrscher, Rhätien mit Italien zu vereinigen und Vindelizien zur römischen Provinz zu machen. Um diesen Entwurf auszuführen wurden
im Jahre 739 nach Rom's Erbauung, 15 Jahre vor Christi Geburt,
die beiden Stiefsöhne Augusts, Claudius Drusus und Claudius Tiberius Nero mit einem zahlreichen Heere in das triden-
tinische Gebirge abgesandt. In den Ebenen, die sich an dessen
Fuße ausdehnen, lagerte sich Drusus mit seinem ganzen Heere.
Hier griffen ihn die Rhätier an, wurden aber in ihre Berge zurück-
geworfen, worauf der römische Feldherr einen allgemeinen Angriff
auf alle Stämme zugleich zu machen beschloß. Der Winter wurde
zu Kriegsrüstungen verwendet und mit angehendem Frühjahre der
Feldzug von drei Seiten eröffnet. Der rechte Flügel des römischen
Heeres zog sich gegen Norikum, der Traun, Salza, Ens und Muhr
zu; mit dem linken Flügel zog sich ein anderer Legat in die Thäler
Trompla und Kamonia zwischen dem Mella und Oglio zu den
Veronern und vereinigte sich durch sein Vordringen mit dem Haupt-
heere, welches von Drusus geführt durch die tridentinischen Alpen
vorwärts an die Höhen des Brenners drang. Verzweifelnd fochten
die Söhne der Alpen gegen Roms kampfgeübte Legionen; doch
Drusus überstieg den Brenner, Rhätiens Schutzmauer, und pflanzte
in den Ebenen des Inns zuerst seine siegreichen Adler auf. Inzwischen kam Tiberius, Drusus Bruder, aus Gallien über den Rhein,
gegen die Donau, und römische Kohorten befuhren zum erstenmale
den Bodensee. Tiberius drang jetzt mit siegendem Ungestüm im
flachen Vindelizien gegen die Iller vor und fiel vom Lech aus in
das Innthal ein. Rhätien war erobert und wurde 740 nach Erbauung Rom's mit Italien vereiniget. August suchte nun sich sowohl von diesem neueroberten wichtigen Lande eine genaue Kenntniß zu verschaffen, als auch sich in dessen Besitz dauernd zu befestigen. Zu diesem Zwecke ließ er bequeme Straßen anlegen, von
denen für uns die wichtigste ist, welche von Aquileja, einem der
festesten Sammelplätze, nach Ad tricesimum (lapidem nämlich, um
Julium carnicum (Zuglio), Loncium (Lienz), Aguntum (Innichen),
Litamum (St. Lorenzen), Sebatum (Schabs), nach Vipitenum führten.

Um jedem Aufruhr unter den nach Freiheit strebenden kühnen Rhätiern vorzubeugen, ließ der vorsichtige August bald nach Eroberung dieser Provinz einen großen Theil der Landes-Einwohner wegführen und ersetzte die Bevölkerungslücke durch eine verhältnißmäßige Anzahl ausgedienter Soldaten, welche sich in den von ihren ebenfalls ausgedienten Offizieren bezeichneten Gegenden niederließen und sie mansiones (Niederlassungen) nannten. — Eine solche römische Mansion, Litamum genannt, war auch einst die Gegend um den Marktflecken St. Lorenzen. Die Angabe der Milliarien in den alten römischen Reisebüchern und die Forschungen der Historiographen weisen genau auf diese Gegend hin, in welcher die Volkssage eine heidnische Stadt von Bruneck bis Pflaurenz sich ausdehnen läßt. Und wirklich dürfte es kaum eine andere Stelle in unserm Vaterlande geben, welche reicher an aufgefundenen römischen Alterthümern wäre, als die Gegend von St. Lorenzen. Es wurden und werden noch allenthalben auf den Feldern beim Pflügen Mauern und Gewölbe angestochen; geschliffene Marmorplatten, römische Geräthschaften, Waffen, Münzen und Urnen gefunden. Vor etwa dreißig Jahren wurde auf einem Acker zwischen der sogenannten Ponbrücke (offenbar pons) und Pflaurenz ein römischer Sarg von Granit gefunden. Im November 1857 wurde in einer Feldmauer an der Einmündung der alten in die neue Straße in der Nähe von Sonnenburg ein römischer Meilenstein aus der Zeit des Kaisers Makrinus gefunden, und früher war ein anderer bei St. Lorenzen selbst entdeckt worden. Die noch vorhandenen Bruchstücke der Inschrift an diesem Straßendenksteine weisen auf die Zeiten des Kaisers Septimius Severus (197 — 211 n. Chr.) hin, dem nach der Erklärung des gelehrten Grafen v. Giovanelli (Ara Dianae S. 167) der römische Senat unter andern Titeln auch den: „arabicus," ertheilte. Der Hauptbeweis jedoch für das Bestehen einer römischen Mansion in der Gegend von St. Lorenzen dürfte aus der strategischen Wichtigkeit dieses Ortes genommen werden. Durchgeht man alle römischen Mansionen in unserm Vaterlande, so wird man keinen einzigen Ort finden, dessen Standpunkt in strategischer Beziehung nicht ausgezeichnet gewählt wäre, so daß von diesen wenigen Punkten aus nicht nur das ganze Land selbst in Gehorsam erhalten, son-

dern auch nach Außen geschützt werden konnte. Es war Grundsatz
der staatsklugen Römer, die Verbindungsthäler mit Italien in unserm
Vaterlande je nach Erforderniß der Umstände bald zu öffnen, bald
zu sperren; daher finden wir gerade an der Mündung solcher Thäler die römischen Mansionen. Sublavione auch Sublavium und
Subsabiona an der Stelle des heutigen Waidbruck im Landgerichtsbezirke Klausen am Eingange in das Thal Gröden; Sebatum,
Schabs, vor Lüsen; Aguntum, Innichen, vor dem Sextner Thale.
Kann man demnach wohl mit Grund annehmen, daß die auf alle
Vortheile bedachten Römer, jene Thäler, Enneberg und Buchenstein,
welche auf dem kürzesten Wege Tirol, dessen Wichtigkeit sie erkann-
ten (Caesar Augustus iter per Alpes patefieri volebat), mit Italien
verbünden, wohl ohne feste Vorhut gelassen haben? — Gewiß nicht,
das wäre ihrer Staatsklugheit und ihrer strategischen Kenntniß zu-
wider. Wir werden also nicht zu viel behaupten, wenn wir der
römischen Mansion Litamum die Gegend von St. Lorenzen zu weisen, um den rechten Ausgangsflügel des Enneberger Thales zu
decken, so wie der linke durch eine feste Burg auf dem Hinterbichel
bei Ehrenburg (Sieh' Schöneck) gedeckt war. Außer den Mansionen
gab es auch noch in der Nähe derselben Castra, d. st. befestigte
Lager für die militärischen Garnisonen, welche dann als feste Plätze
blieben. Solche castra finden wir nun auch in unserer Mansion
Litamum. Auf dem gewaltigen Felsenvorsprunge oberhalb St.
Lorenzen, der das Thal weit hinauf und weit hinab beherrscht, zu
dessen Fuß die reißende Gader in den Rienzfluß sich ergießt, stand
einst der mächtige Römerbau, später Suanapurk, ein Castrum, als
Vorhut für die Mansion Litamum. Noch höher als dieser stand
auf einer vorgeneigten Anhöhe der Gemeinde Lothen ein Wartthurm,
von dem man noch sparsame Ueberreste findet. Die Anhöhe selbst
wird im Munde des Volkes der Burgkofel genannt. Diesem gegenüber südlich erhebt sich ein gewaltiger Felsenkegel, auf dem jetzt die
majestätische Veste St. Michaelsburg thront, zur Zeit der Römer
ebenfalls ein fester Platz hart an der Ausmündung des Enneberger
Thales zum Schutze der Mansion. Wie lange aber diese bestanden und
wie sie zu Grunde gegangen, kann man bei dem tiefen Schweigen
aller urkundlichen Nachrichten nicht sagen. Die Beschaffenheit des

Bodens stimmt zwar mit der Volkssage überein, welche Litamum
durch eine Ueberschwemmung zu Grunde gehen läßt. Die ganze
Gegend um Welsberg soll nach dieser ein großer See gewesen sein,
der auf einmal ausgebrochen die ganze Strecke bis St. Lorenzen
herab überfluthet und verwüstet hätte. Allerdings war einst der
größte Theil des Gemeindegebietes von Welsberg mit einem beträchtlichen See bedeckt, der sich in den Tiefen des Thales bildete,
wo der Gsießer Wildbach mit dem Gewässer der Rienz zusammen-
fließt. Doch dieser See kann Litamum, das sehr frühe schon ver-
schwand, nicht zerstört haben, da nach Kirchmayrs Chronik 1359
der Ritter Georg von Welsberg es unternahm, ihn auszutrocknen,
und dieses Unternehmen auch durch zwei erfahrne Wasserbaumeister
aus Venedig glücklich ausführte. Mehr Wahrscheinlichkeit hat die
Meinung jener Geschichtsforscher, welche sagen, die Ache oder der
Taufererbach, durch eine gewaltige Erdabsitzung bei Mühlbach und
Thesselberg angeschwellt, habe endlich durchbrechend beide Orte, das
uralte Stegen und Litamum zerstört; wann dieses jedoch geschehen,
ist in tiefes Dunkel gehüllt. So sparsam auch diese Nachrichten von
den Schicksalen Litamum's sind, so werden sie noch sparsamer in
den folgenden Zeiten. Erst um das Jahr 1190 erscheint ein Egino
in einem Verzeichnisse als Pfarrer von St. Lorenzen, welches hier
das erstemal genannt wird. Ebenso finden wir ihn in einer Urkunde von 1207 (I. 172), durch die Arnold von Schöneck seinen
Hof zu Hasenried an Neustift schenkt. Etwas früher geschieht Mel-
bung von Sonnenburg und Michaelsburg. Ottwin Graf
von Pusterthal und Lurn theilte um 1008 seine Güter und Schlösser unter seine Söhne und zog nach Palästina, wo er sich 17 Jahre
aufhielt; nach seiner Rückkehr führte er ein Einsiedlerleben auf
Suanapurk. Sein Sohn Hartwig war vom Jahre 1024 —
1039 Bischof von Brixen; sein anderer Sohn Volkholb, „der
edle Levit," dem bei der Theilung der väterlichen Güter Suanapurk zufiel, gründete beiläufig um das Jahr 1020 auf dieser seiner
Veste ein Frauenkloster und setzte demselben seine Nichte Wichburga
als erste Abtissin vor. Die Stiftsvogtei übergab er an Ulrich, Bischof von Trient und dessen Nachfolger. Dieser selbst war nach
Sonnenburg gereist, ertheilte am Pfingstfeste nach feierlichem Pon-

tifikalamte der erften Abtiffin die Inveftitur und begabte das Klofter mit anfehnlichen Gefchenken. Ottwin's dritter Sohn Englbert war des Vaters Nachfolger in der Verwaltung der Graffchaft Pufterthal und Lurn und fchlug feinen Wohnfitz auf Michaelsburg auf. Diefes Engelbert's Söhne theilten die Graffchaft Pufterthal und Lurn, denn nach feinem Tode finden wir feinen Sohn Englbert II. als Graf von Pufterthal, während deffen Bruder Meinhard als Graf von Lurn erfcheint. Als die pufterthalifche Linie der ottwinifchen Nachkommenfchaft mit Englbert II. Tode ausgeftorben war, kam die erledigte Graffchaft Pufterthal durch die bekannte Schenkung Kaifer Heinrich IV. an das Hochftift Brixen, welches die Herrfchaft Michaelsburg im Jahre 1232 dem Herzoge von Meran Otto I. übergab. Als fein Sohn Otto II. am 18. Juni 1248 ohne Kinder mit Tod abgegangen, überkam Albrecht, der Graf von Tirol, die Befitzungen der Herzoge von Meran im Inn-, Wipp- und Pufterthale. Er hatte in feiner Ehe mit Jutha aus dem Haufe von Andechs nur zwei Töchter erzeugt, Elifabeth und Adelheid. Erftere gab er dem Herzoge Otto II. von Meran, dem einzigen noch übrigen Sproffen feines Gefchlechtes, zur Hausfrau. Als fie Witwe geworden, ehelichte fie Graf Gebhard von Hirfchberg aus Franken. Adelheid war die Gemahlin des Grafen Meinhard (III.) von Görz, Pfalzgrafen zu Kärnten. Albrecht verfchied auf dem Schloffe Tirol im Jahre 1254. Seine reichen tirolifchen und andechfifchen Befitzungen theilten feine Schwiegerföhne. An den Grafen Gebhard von Hirfchberg fiel die Strecke von der Priennerbrücke zwifchen den Aemtern Schrofenftein und Fliefs durch das ganze Innthal herab, von da quer durch das Wippthal bis zur Holzbrücke unter dem Peifter in Oberau, dazu die Kaftenvogtei des Hochftiftes Brixen. Alles andere von Landeck an durch Vintfchgau, das Land an der Etfch und am Eifack bis herauf zur Holzbrücke nebft der Herrfchaft St. Michaelsburg im Pufterthale mit der gleichnamigen Vefte, die er fogleich nach der Uebernahme feines Erbes bedeutend erweiterte und zu einer echten mittelalterlichen Ritterburg umfchuf,[33] war

---

[33] Es gab vom 11. bis zum 14. Jahrhundert in Deutfchland Wafferburgen und Höhenburgen. Eine Wafferburg lag in flachem Raume

Meinhard's Gut. Nun nannte sich Gebhard „von Gottes Gnaden,
Grafen zu Hirschberg und Herrn der Gegend des Innthales." —

und erhielt ihren Hauptschutz durch die sie umfließenden Gewässer oder durch
wassergefüllte Gräben. Eine Höhenburg lag in der Regel auf dem Vorsprung eines Bergzuges oder auf einem freistehenden Felsenkegel.

Es gab ferner Hofburgen, d. h. Burgen von größerem Umfange,
und Burgställe, d. h. enger zusammengedrängte feste Häuser. Eine Hof-
burg hatte zuvörderst eine Umgebung aus Mauerwerk, eine äußere Umfassung,
die Zingeln genannt, welche in der Regel nicht mit Zinnen versehen waren,
sondern nur einfache Brustwehren enthielten.

Der Thoreingang lag neben oder zwischen niedrigen Thürmen, die
zur Vertheidigung desselben an den Zingeln angebracht waren. Manche
Burgen hatten mehrere Thoreingänge; Höhenburgen selten mehr als zwei.

Zwischen den Zingeln und der eigentlichen Burg lag ein freier Raum,
der Zwinger (Zwingelhof, Zwingolf). Zuweilen standen im Zwinger einzelne Lindenbäume auf Rasenplätzen (Angern); sonst zog man es vor, die
nächsten Umgebungen kahl zu lassen, um dadurch Angriffe und Ueberfälle zu
erschweren. Oft war ein Theil des Zwingers mit Ställen und Wirthschaftsgebäuden umschlossen und bildete den Viehhof, dem einzelne in der Umfassung
angebrachte Thürme zur Wehr dienten; gegen die Seite der eigentlichen
Burg standen sie offen und waren von ihr durch einen Graben getrennt, welchen man, um von dem Zwinger in die Burg zu gelangen, übersetzen mußte.
Zu diesem Ende führte über ihn bei größern Bauten eine Zugbrücke. Ueber
diese gelangte man zunächst zu der Porte, welche auf einem mit Futter-
mauern gefesteten Vorsprunge zu stehen pflegte und ein Steingewölbe bildete,
an dessen Seiten in kleinen gedeckten Räumen die Winden für die Zugbrücke
angebracht waren. Ueber der Porte war die Mauer mit Zinnen (Wintber-
gen) versehen, welche ein schmales Dach trugen; hinter den Zinnen befand
sich ein bedeckter, gegen die Burg zu offener Gang, von wo aus man durch
die Lucken, wie man es nannte, oder durch die schmalen Oeffnungen an den
Zinnen mit Armbrüsten schießen, oder mit Steinen werfen konnte, welche
zu diesem Ende, sobald es Noth that, dort aufgehäuft wurden. Man nannte
diesen Gang über der Porte eine Wer, oder wie alle solche bedeckte Gänge
längs den Zinnen, eine Letze.

Hatte man Brücke und Porte hinter sich, so stand man entweder unmittelbar in dem von den Burggebäuden eingeschlossenen Burghofe, oder
man gelangte in diesen erst durch einen hallenartigen Durchgang, der auf
beiden Ausgangsseiten durch ein Fallgitter, ein sogenanntes Slegetor geschlossen und geschützt wurde. Unter den Gebäuden, welche den Burghof einschlossen, nehmen vor
allen zwei unsere Aufmerksamkeit in Anspruch, denn sie fehlen keiner größern
Burg, nämlich der Palas und das Berchfrit. Der Palas nahm wohl in
der Regel die eine Seite des Burghofes ein, und war, so wohl was
den Gebrauch als den Umfang betrifft, das Hauptgebäude; fürstliche oder
königliche Burgen aber, welche fortwährend für Hunderte von Rittern Raum
gewähren mußten, hatten mehrere solche Gebäude. Ein weithin in das Land

8*

Sein gewöhnlicher Siß war die uralte Bergfeste Thaur. Meinhard aber erscheint fortan in Urkunden als Graf von Görz und Tirol (I.),

---

schimmerndes Dach des Palas galt als eine der schönsten Zierden desselben. Im nördlichen Deutschland wurden zu diesem Behufe bunt verglaste Ziegel= steine in dem Mauerwerk in mannigfaltiger Abwechslung an den Thürmen häufig schachbrettartig angebracht; in Süddeutschland bediente man sich hell= glänzend gefärbter Schindeln; in Italien wurden bunte Marmorarten hiezu verwendet. Eine andere Eigenthümlichkeit des Palas war, daß man durch eine von außen in die Höhe führende Treppe zu demselben gelangte. Mit dem Palas durch Thüren verbunden, waren (in der Art, wie Seiten= und Spielzimmer in unsern Tanzsälen) noch einige Kammern, oder wie sie damals hießen, Kemenaten. Denken wir uns nun das Gebäude des Palas mit seinen Kemenaten längs der einen Seite des Hofraumes angebracht; die eine lange Seite nach dem Hofe, die andern nach der Außenseite gewendet, und an den beiden Giebelseiten des mächtigen Saales die dazu gehörigen Keme= naten gestellt; so werden wir ein Bild haben, was so ziemlich auf alle solche Gebäude paßt. Der Saal wurde mit Kaminen erwärmt, welche, wie es scheint, den Kemenaten fehlten.

Da das Mauerwerk des Palas am dicksten zu sein pflegte, so entstan= den da, wo die Fenster nach dem Hofe zu und nach dem Freien angebracht waren, Mauervertiefungen, Fensternischen, mit an der Seite der Mauer angebrachten Sitzen. Diese Plätze in den Fenstern waren der Ehrenplaß der Frauen, wenn sie im Palas erschienen; und wen sie hoch ehren wollten, den ließen sie in diesen Fenstersitzen Plaß nehmen. Die Gestalt des Palas, wie wir sie eben kennen gelernt haben, blieb sich im Wesentlichen auch gleich bei den burgähnlichen Bauten in den Städten. Auch da ist der Palas ein gro= ßer Saal, zu dessen beiden Seiten eine Reihe kleinerer Gemächer, Kemenaten, angebracht waren.

Der Palas war das eigentliche Heiligthum des Hauses, wo der Feuer= rahm, der Herd, stand. Der Fußboden des Palas mag zuweilen gedielt ge= wesen sein; oft wohl auch, wie es bei den Kemenaten immer der Fall war, mit Estrich ausgelegt. Auf den Boden des Palas und der Kemenaten aber streute man in der Rosenzeit täglich frische Rosen, sonst frische Binsen; und bei allen feierlichen Gelegenheiten wurde entweder der ganze Boden des Pa= las, oder doch die Räume, wo Tische und Bänke standen, mit Teppichen belegt. Sollte die Ausschmückung des Palas recht kostbar sein, so mußten auch die Wände mit Teppichen oder Tapeten (Rückelachen) behangen werden. Ringsum an den Wänden (außer wo Fensternischen, Feuerrahmen und Thüren es hin= derten) waren breite Bänke angebracht, welche mit Federkissen (Plumiten), Matrazen (Kultern) reich und wo möglich prächtig versehen waren. Am Tage erhielt der Palas seine Beleuchtung natürlich durch die Fenster, welche in der Regel damals schon mit Glas geschlossen sein mochten. Daß Glas= fenster damals auch hie und da fehlten, sieht man daraus, daß Dichter es wohl auch der Mühe werth halten, dieselben bestimmt zu erwähnen. Des Nachts leuchteten die Feuer der Kamine, deren ein nicht zu großer Palas vielleicht nur eines, höchstens zwei hatte, und sodann Kron=, Wand= und Tischleuchter mit Kerzen.

Pfalzgraf in Kärnten, Vogt der Kirche von Aquileja. Er starb
auf seiner Burg Tirol 1258. Zwei Söhne und zwei Töchter, welche

---

Da der Palas oft eine bedeutende Breite hatte, so zogen sich eine, auch
wohl zwei Säulenreihen durch denselben; in der Regel waren es Holzsäulen,
doch finden wir in den mittelhochdeutschen Gesängen auch Marmorsäulen
erwähnt.

Die Kemenaten in der Nähe des Palas waren zuweilen noch sorgfäl=
tiger und reicher geschmückt, als der Palas selbst, mit herrlichen Tapeten, mit
Kanapeen (Spannbetten) mit Betten (Bettställe) und mit kostbarem Estrich.
Doch gab es nicht blos mit dem Palas verbundene Kemenaten, sondern die=
selben waren in allen Theilen des Gebäudes angebracht, namentlich auch in
Verbindung mit den Thürmen und in diesen selbst. In die obern Räume
der Thürme aber gelangte man nicht durch eine in ihnen angebrachte Treppe,
sondern von den längs den Zinnen angelegten Gängen oder Letzen aus.

Ganz besonders wird das von der Wohnung der Männer und vom
Palas abgesonderte, ein besonderes Gebäude einnehmende Weiberhaus (Frou=
wenheimliche) eine Kemenate, ja ohngeachtet es aus mehreren Wohnräumen
bestand, geradezu: „die Kemenate" genannt. In diesem weitern Sinne hatte
die Kemenate wenigstens drei Räume: eine Kemenate, worin die Herrin mit
ihren nächsten weiblichen Angehörigen lebte und schlief; eine andere, wo die
Dienerinnen schliefen, und eine dritte, worin sie von ihren Dienerinnen weib=
liche Arbeiten machen ließ. Die zuerst erwähnte Kemenate war der Ort des
Verkehrs zwischen den Verwandten, zwischen Mann und Frau; fast alle ver=
traulichen Besprechungen werden in solche Kemenaten verlegt. Die zweite
Gattung von Kemenaten war oft ziemlich groß; es wird eine Kemenate
erwähnt, in welcher dreißig Betten standen. Zur Bezeichnung der Kemena=
ten, insbesondere der dritten Gattung, wird auch das Wort G a d e m gebraucht.

Das zweite Hauptgebäude der Burg, das B e r c h f r i t, war ein hoher
emporragender Thurm, in welchem man durch Treppen in die Höhe stieg, der
aber keinen Eingang zu ebener Erde, sondern in der Höhe eines Stockwerkes
hatte. Zu dieser Thüre führte wohl in Friedenszeiten eine hölzerne Stiege in
bedrohten Zeiten konnte sie weggenommen und der Zutritt auf das Einsteigen
und Aufziehen mittelst Strickleitern und Seilen beschränkt werden. Das
Berchfrit war eine hohe Warte, in der Regel frei von andern anstoßenden
Gebäuden, auf dem kühnsten Vorsprung des Burgraumes. Man stellte diesen
Wartthurm so allein, um nicht, wenn die Burg genommen und das Berchfrit
allein noch gewehrt wäre, durch Anzündung allzunäher Gebäude herausgeräu=
chert und zur Uebergabe gezwungen zu werden Der untere, nicht von außen
zugängliche Raum enthielt wohl zuweilen einen Brunnen, in der Regel aber
war dieser nicht weit von der Küche im Hofe angebracht, gewöhnlich ein Zieh=
brunnen. War dieses letztere der Fall, so diente dieser untere Raum des
Berchfrits zum Verließ oder Gefängniß. Die obern Geschosse des Berchfrits
enthielten Kemenaten; ganz oben unter dem Dache hatte der Wächter, der
Thurmwart, seinen Platz. So nothwendig wurde dieser feste Wartthurm
zu der Einrichtung der ganzen Burg erachtet, daß selten ein Ritterhaus ohne
eine solche Warte gefunden wurde, daß aber oft die ganze Burg nur aus dem

ihm die tirolische Adelheid geboren hatte, trauerten am Sarge des Vaters. Die Brüder Meinhard II. und Albrecht übernahmen gemeinsam die väterlichen Stammlande, das tirolische und andechsische Erbe mit den großen tridentinischen Lehen der Grafen von Eppan und Ulten. Sie ritten gegen Trient nach dem Todfall ihres Vaters,

---

Berchfrit und einer mit Letzen und einer Porte versehenen Ummauerung bestand. —

Zur Umschließung des Burghofes gehörte die Küche mit dem Vorraths-gademe. Die Küche erscheint da wo sie erwähnt wird, als ein besonderer Raum, ein besonderes Haus. Ihr konnte schon deswegen kein kleiner Raum gewidmet sein, weil in ihr, oder vielmehr nächst ihr, die darin beschäftigte Dienerschaft schlief. Köchinnen kommen nicht vor, sondern immer Köche. Auf den kleinern Burgen ärmerer Edelleute mag allerdings die Hausfrau mit ihren Mägden die Küche beschickt haben; in den Hofburgen war aber nur ein männliches Küchenpersonal vorhanden. Außer den erwähnten Gebäuden fehlte einer größern Burg nicht leicht die Kapelle.

Die Burgställe waren kleinere, blos zur Vertheidigung eingerichtete Burgen, deren auch schon viele im zwölften und dreizehnten Jahrhundert vorhanden gewesen sind. Fünf Stücke waren auch ihnen unentbehrlich: 1) die Umfassungsmauer, welche jedoch ganz oder theilweise durch steinerne Gebäude ersetzt sein konnte; 2) der Palas, d. h. ein Raum, in welchem man mit Bequemlichkeit erforderlichen Falles alle Dinge vornehmen konnte, die in einer größern Burg im Palas vorgenommen wurden; 3) die Kemenate, d. h. ein Raum, der für das eigentliche Familienleben für die Frauen namentlich das war, was der Palas für die Gäste und für den Verkehr der Männer war; 4) die Küche und 5) das Berchfrit. Allein da sich die Küche, die Kemenate und der Palas in den verschiedenen Geschossen des Berchfrits anbringen ließen, so war in der That zur kleinsten Burg nichts nöthig, als eine Umfassungsmauer und ein Berchfrit. Hatte dieses wie gewöhnlich nicht zur ebenen Erde, sondern in der Höhe eines Stockwerkes seinen Eingang, so trat man in die Küche. In den dicken Wänden des Berchfrits war eine schmale Treppe in das Obergeschoß, an andern Stellen waren tiefe Wandschränke und verschließbare Bettstellen für die Mägde angebracht. Stieg man jene Treppe höher, so kam man in die Kemenate, welche einen großen Ofen, einen großen Bettstall, wieder Wandschränke und eine Wandtreppe in das höhere Geschoß enthielt. Hier fand sich der Trinksaal, der Palas mit weniger dicken Wänden, mit einem Kamin und vielen Fenstern, hie und da wohl auch mit Erkern und mit einer hölzernen Stiege in den obersten Raum des Thurmes, wo noch für Knappen und Wächter Platz war. Das unterste Geschoß des Thurmes enthielt bei solchen Burgen in der Regel einen Sodbrunnen und wurde übrigens als Keller, Speisegewölbe, oder nach Umständen auch als Gefängniß benutzt. Eine außen angebrachte, hölzerne, leicht wegnehmbare Stiege führte von dem Hofe in die Kirche. Ställe waren an der Umfassungsmauer angebracht. Dies sind die einfachsten, nur aus einem Thurme bestehenden Burgen. (Vergl. „Die alten Burgen Deutschlands" — von Leo.)

um die Belehnung von Bischof Egno, aus dem mächtigen Hause
der Eppaner, zu suchen. Egno erklärte anfangs in feierlicher Versammlung seiner Dombrüder und Gotteshausleute als kraftlos und
nichtig jene Verträge, welche seine Vettern die Grafen von Eppan
und Ulten mit den Grafen von Tirol und Görz geschlossen; denn
nur aus Furcht vor dem Wütherich Ezzelino da Romano habe er
seine Einwilligung dazu gegeben. Es war dieser Mann des Schreckens
ein gibellinischer Feldhauptmann, dann gewaltiger Herrscher in der
veronesischen Mark. Er schwang seine furchtbare Geißel auch über
das Hochstift Trient und seinen welfischen Bischof; er starb an
einer im Treffen bei Cassano erhaltenen Wunde 1259. Nun besetzten
die Veroneser das verlassene Trient. Der Bischof vertrieb die Fremden aus der geängstigten Stadt, wozu ihm die Grafen von Tirol
treuen Beistand leisteten. Hierauf nahm Egno seinen frühern Ausspruch zurück und ertheilte den Grafen Meinhard und Albrecht die
Belehnung 1259. Nach diesem Geschäfte warb Meinhard um Herzog Otto's von Baiern Tochter Elisabeth, Witwe Kaiser Konrad IV.
Er feierte die Hochzeit zu München mit großer Pracht am 6. Oktober 1259 und gab dort am 9. des nämlichen Monats und Jahres
seiner Gemahlin die Schlösser Michaelsburg und Rasen zur
Morgengabe. Die St. Michaelsburg ist der Glanzpunkt einer überaus lieblichen Gegend, die sie überschaut, einer Gegend voll lachen-
der Fluren und freundlicher Ortschaften, Meierhöfe und Edelsitze.
Wie traulich winkt nicht aus dem Westen her das kleine Gaberthal
mit dem gemüthlichen Saalen und dem heimlichen Monthal; das
gesegnete Rienzthal im Norden mit dem alterthümlichen Markte St.
Lorenzen auf kornreicher Ebene, umsäumt von buschigen Hügelreihen
und das dahinter sanft sich hebende schöne Halbgebirge von Pfalzen,
während in unmittelbarer Gegenstellung der ernste Felsenkopf mit den
noch ernstern Mauertrümmern von Sonnenburg herüberstarrt, eine
wohlthuende Schattenparthie neben den blendendhellen Lichtpunkten.
Gibt es gleich mehr überraschend schöne Naturbilder in den Thälern
Pusterthals, so läßt sich doch von dieser Gegend mit dem Dichter sagen

Auch hier stand die Natur, da sie aus reicher Hand
Ueber Hügel und Thal lebende Schönheit goß,
Mit verweilendem Tritte,
Diese Thäler zu schmücken, still.

Diese reizende Gegend, der mächtige und wahrhaft fürstliche Bau des Schlosses, das in Urkunden nicht blos castrum, sondern urbs, civitas, oppidum genannt wird, und der Umstand, daß zwischen den Jahren 1260 und 1270 ein Sänger „magister Fridericus" auf St. Michaelsburg erscheint, läßt einen emsigen vaterländischen Geschichtsforscher [34]) die für uns Tiroler allerdings schmeichelhafte und ehrende Vermuthung aussprechen, daß Elisabeth und Meinhard die Sommermonate auf dieser Burg zugebracht und daß vielleicht eines oder das andere von ihren sechs Kindern hier geboren sein dürfte. Wenigstens meint er, dürfte dieses vor der von beiden Brüdern Meinhard und Albrecht beschlossenen Theilung der Güter der Fall gewesen sein. Am 4. März 1271 kamen beide auf dem Schlosse Tirol zusammen und mit ihnen ein zahlreicher Adel. Hiebei wurde folgende Uebereinkunft geschlossen. Die Mühlbacher Klause bildet die Gränze; jenseits derselben gehört alles Allod und Lehen dem Grafen Albrecht, diesseits dem Grafen Meinhard. Die Gräfin Elisabeth, Gemahlin Meinhard's, begibt sich zu Gunsten Albrechts ihrer Ansprüche auf St. Michaelsburg. Zu eben dieser Zeit dachte Elisabeth das Gelübde zu lösen, welches sie trauernd über den Verlust ihres unglücklichen Sohnes [35]) machte und als bleibendes Denk-

---

[34]) Josef Fercher, viele Jahre Kooperator in St. Lorenzen, gestorben als Kurat in Onach, sammelte sehr fleißig, wie auch der unermüdliche Viktor Gatterer, Chorherr von Neustift, dessen Fleiße ich sehr viel verdanke.

[35]) Meinhards Gemahlin, Elisabeth, hatte aus erster Ehe mit Konrad einen einzigen Sohn Konradin oder Kurd als letzten Sprossen vom hohenstaufischen Mannesstamme. Derselbe machte, wie schon sein Vater Konrad, Anspruch auf das päpstliche Lehenreich Neapel und Sizilien, und da jetzt noch überdies eine mächtige Partei dort selbst den jungen Konradin wirklich die Krone anbot, so eilte der sechszehnjährige Jüngling ungeachtet der mütterlichen Ahnungen und Abmahnungen mit seinem getreuen Vetter Friedrich von Baden dahin, um dieselbe in Empfang zu nehmen. Allein Karl von Anjou, Bruder des Königs von Frankreich, mit seinem Anhange kam ihm zuvor. Konradin ergriff, von mehreren deutschen Fürsten und der gibellinischen Partei in Italien unterstützt, wider seinen Gegner die Waffen. Bei Polenza in Aupulien kam es zum Treffen. Konradin war geschlagen, auf der Flucht ergriffen, gefangen gesetzt und bald hernach am 28. Oktober 1268 mit seinem Freunde Friedrich zu Neapel auf öffentlichem Platze enthauptet. Als die bekümmerte Mutter Elisabeth die traurige Nachricht von seiner Gefangenschaft erhalten hatte, machte sie sich, so wird erzählt, mit allen ihren Kostbarkeiten auf die Reise, um ihren lieben Kurd damit loszukaufen. Aber schon zu Ve-

mal ihres mütterlichen Schmerzes ein Kloster zu gründen versprach, dessen Vollendung sie nicht mehr erlebte, sie starb 1273 am 9. Oktober.

---

rona erhielt sie die Schreckensnachricht von dessen Hinrichtung, worauf sie trostlos nach Hause kehrte, und das Gelübe that, da sie mit ihren Schätzen das sterbliche Leben ihres Sohnes nicht mehr retten konnte, zum Heile seiner Seele ein Kloster zu stiften. Mit aufrichtiger Theilnahme ging ihr dabei Meinhard zur Hand. Im Oberinnthale 8 Stunden von Innsbruck, lag ein Dörfchen mit einer kleinen Kapelle des hl. Johannes des Täufers, von andächtigen Wallfahrern gerne besucht, mit Namen Stams. Diesen Ort erwählte Elisabeth zum Sitze des zu erbauenden Klosters, welches sie nach dem Beispiel ihres Bruders, des Herzogs Ludwig des Strengen, den Zisterzienser Mönchen einzuräumen gesinnt war. Stams war ein Lehen des römischen Reiches und damals im Besitze Alberts von Wangen. Die hohe Gerichtsbarkeit stand den benachbarten Grafen von Hörtenberg zu. Die Edlen von Schwangau, Ulrich Milo, Heinrich Kämmerer, und das Konvent von Polling besaßen zur Zeit der Stiftung Güter alldort. Das Patronatsrecht der kleinen Kirche zu Stams gehörte dem Bischofe von Brixen, Bruno; die Kastenvogtei dem Grafen Meinhard als Eigenthümer der Herrschaft Petersberg. Dem Wunsche seiner Gemahlin entsprechend, kaufte Meinhard den Edlen von Schwangau, Ulrich Milo, Heinrich Kämmerer und dem Konvente von Polling ihre Güter um 244 Mark Silber ab und bildete damit die Grundlage der neuen Stiftung. Von dem Bischofe Bruno von Brixen erhielt er für das neue Kloster durch eine 1271 ausgestellte Urkunde, die nach den Statuten dieses Ordens erforderliche Eremtion. Das im September des nämlichen Jahres zu Zisterz gehaltene Generalkapitel gab dem Abte Trutwin von Kaisersheim den Auftrag, eine Kolonie nach Stams zu senden. Zwölf Mönche und fünf Konversbrüder wurden von Kaisersheim dahin abgeschickt, die sich noch vor ihrer Abreise am 29. Jänner 1272 Heinrich von Honstätten zum Abte erwählten. Diesen übergab Meinhard das neuerrichtete Kloster, das freilich nach der frommen Sitteneinfalt und Genügsamkeit jener Zeiten nur in einem hölzernen Gebäude und der schon zuvor bestehenden Kapelle bestand. Schon am 9. Oktober 1273 folgte die Stifterin Elisabeth ihrem Konradin in die Ewigkeit nach und ihre Leiche wurde in der Kapelle des hl. Johannes, der dortmaligen Stiftskirche, beigesetzt. Ihr Gemahl fuhr fort, Wohlthäter des neuen Klosters zu sein. Er erwarb demselben von Bischof Bruno zu Brixen unter dem 6. August 1272 die Pfarre Silz, wozu ganz Oetzthal gehörte, jedoch mit dem, daß bei Erledigung dieser Pfründe der Abt des Klosters Stams jederzeit dem Bischof von Brixen einen Weltpriester als beständigen Pfarrvikar vorschlagen sollte. Unter der nämlichen Bedingung bekam Stams das folgende Jahr die Pfarre Mais von Egno, Bischof von Trient, und 1276 die dem Grafen Meinhard zugehörige Kirche zum hl. Martin in Mals, die bis in das fünfzehnte Jahrhundert eine große Pfarre befaßte. Meinhard ließ zwölf Jahre lang an einem neuen anständigen gemauerten Klostergebäude und einer Kirche arbeiten. Am 5. November des Jahres 1284 wurde die nebst dem Kloster vollendete Kirche in Gegenwart Meinhards des Stifters, des Abtes der Mutterkolonie Kaisersheim, Trutwin,

Eben damals faßen die deutschen Fürsten zu Frankfurt beisammen, um ein Haupt zu wählen für das verwaiste Reich. Rudolph, Graf von Habsburg, ward erkoren, die Krone der Deutschen zu tragen (1273). Auch Meinhard, Graf von Tirol ward gekannt und geachtet als ein reicher und tapferer Herr. Doch dieser gönnte gerne dem Freunde Rudolph Glanz und Macht, sich begnügend mit dessen Freundschaft. Er ließ den König zu Achen als Oberhaupt des heiligen Reiches begrüßen und fragen, ob er noch halten wolle, was er als Graf versprochen. Denn schon früher hatte Rudolph die Verlobung seines ältesten Sohnes Albrecht mit Meinhard's Tochter Elisabeth beschlossen. Der König sprach zu den Bothen: „Des Hauses meines Freundes hat kein Kaiser sich zu schämen." — Die Vermählung geschah nach 3 Jahren zu Wien mit großer Pracht und Herrlichkeit. Sie gebar ihrem Gemahl viele Kinder und wurde so die Stammmutter des **erlauchtesten Kaiserhauses** von Oesterreich und so vieler andern hohen Fürstenhäuser. Die Vorältern Elisabeths sind die Grafen von Pusterthal, aus denen die Grafen von Görz [36])

---

sechs Bischöfen und einer großen Anzahl Edlen und Ritter vom Diözesanbischofe Bruno feierlich eingeweiht, und nach vollendeter Feierlichkeit die Leichname Elisabeths und vier in ihrer ersten Blüthe des Alters verstorbenen Kinder, nebst zwölf aus dem Schlosse Tirol abgeholten Särgen der Ahnen der Stifterin mit ernstem Trauergepränge aus der Kapelle des hl. Johannes erhoben, und in der fürstlichen Gruft der neuerbauten Klosterkirche beigesetzt. Oft weilte Meinhard in dem freundlichen Stifte, um sich von den Regentensorgen zu erholen, und baute sich sogar dort eine eigene Wohnung, um wegen des auf ihm ruhenden Anathems seine theuern Stiftssöhne in keine unangenehme Kollision zwischen Gehorsam und Dankbarkeit zu bringen. Diese bewiesen sie ihm auf eine edle Art noch nach seinem Tode; denn da er im Kirchenbanne gestorben war, reiste Abt Friedrich eigens nach Rom, und erwirkte vom Papste Cölestin V. die Lossprechung vom Anathem. Nun erhob er die in Innsbruck einstweilen aufbewahrte Leiche seines fürstlichen Stifters und Wohlthäters, und überbrachte sie nach Stams, wo sie an der Seite seiner Gemahlin Elisabeth beigesetzt wurde. — (Allgemeiner Nationalkalender für Tirol und Vorarlberg auf das Jahr 1822.)

[36]) Im Jahre 1122 erscheinen die Brüder Meinhard und Englbert als Grafen von Görz. Ihre Besitzungen, großentheils Lehen der Kirche von Aquileja, waren ausgebreiteter, als jene der Grafen von Tirol, und sie gingen diesen an Rang vor. Sie waren Vögte der Patriarchen von Aquileja und Landmarschälle von Friaul. Die Stadt Görz besaßen sie anfangs nur zur Hälfte; durch einen Vertrag vom 27. Jänner 1202 trat ihnen der Patriarch Peregrin II. von Aquileja auch die andere Hälfte ab. Sie waren

und als solcher der Landesfürst von Tirol, Meinhard II., der Vater
Elisabeth's, hervorgingen. Die Stammburg der Grafen von Pusterthal war St. Michaelsburg, eine Veste, die sich also mit vollem
Rechte rühmen kann, die Wiege des durchlauchtigsten österreichischen
Kaiserhauses von mütterlicher Seite zu sein. Darum stimmen wir
froh und lustig, gehoben durch die hohe Bedeutung des Landes-
festtages, in den Jubelgesang des Dichters nach einer echt tirolischen
Sangweise ein, die ihre Weihe in den ewig für Tirol und Oesterreich denkwürdigen Jahre 1809 erhielt:

Vaterland, in Jubeltönen
Sei begrüßt von deinen Söhnen,
   Sei begrüßt als Kaiserbraut!
Schmücke festlich dich zur Feier!
Auf! Empfange froh den Freier;
   Schon der Hochzeitmorgen graut!

Seit fünfhundert langen Jahren
Wußtest Du die Treu' zu wahren
   Deinem edlen Kaiserhaus!
Mochten süße Friedensblüthen
Duften, oder Stürme wüthen, —
   Immer hielt'st Du liebend aus.

Stets in heißen Kampfesstunden
Stritten brüderlich verbunden
   Schwarzer Aar und rother Aar.
Und von ihren Flügelschlägen
Mußte räumen allerwegen
   Jedes Feld der Feinde Schaar!

Erntezeit ist nun gekommen!
Freudenfeuer sind entglommen!
   Hochzeitsfackeln, — ohne Zahl!

Pfalzgrafen des Herzogs von Kärnten, hatten als solche Besitzungen dort-
selbst mit der Residenz in Mosburg, die sie, um unabhängiger zu sein, im
Jahre 1258 nach Lienz übertrugen, wo sie auch eine Münzstätte errichteten.
(Akadem. Vorl. v. R. Kink II. S. 295).

Viele tausend Stutzen knallen,
Viele tausend Chöre schallen
   Festlich heute durch das Thal.

Und die Felsen widerhallen:
Hoch Tirol! Tirol vor allen!
   Hoch Tirol und Oesterreich!
Denn berauscht von Deiner Schöne
Preisen Deine treuen Söhne
   Diesen Tag, dem keiner gleich!